SERVIÇO SOCIAL E ÉTICA
convite a uma nova práxis

EDITORA AFILIADA

Conselho Editorial da
área de Serviço Social
Ademir Alves da Silva
Dilséa Adeodata Bonetti
Elaine Rossetti Behring
Ivete Simionatto
Maria Lúcia Carvalho da Silva
Maria Lucia Silva Barroco

Dados Internacionais de Catalogação na Publicação (CIP)
(Câmara Brasileira do Livro, SP, Brasil)

Serviço social e ética : convite a uma nova práxis / Dilséa A. Bonetti...
[et al.]. — 13. ed. — São Paulo : Cortez, 2012.

Vários autores.
Outros organizadores: Dilséa A. Bonetti, Marlise Vinagre, Mione
A. Sales, Valéria M. M. Goneelli
ISBN 978-85-249-1921-3

1. Assistência social - Brasil 2. Brasil - Política social 3. Política
médica - Brasil 4. Seguridade social - Brasil 5. Serviço social - Brasil I.
Bonetti, Dilséa A.. II. Vinagre, Marlise. III. Sales, Mione A.. IV. Gonelli,
Valéria M. M..

12-05704   CDD-362.0981

Índices para catálogo sistemático:
1. Brasil : Saúde e serviço social : Bem-estar social   362.0981
2. Brasil : Serviço social e saúde : Bem-estar social   362.0981

Dilséa A. Bonetti • Marlise Vinagre •
Mione A. Sales • Valéria M. M. Gonelli
(Orgs.)

SERVIÇO SOCIAL E ÉTICA
convite a uma nova práxis

13ª edição
2ª reimpressão

SERVIÇO SOCIAL E ÉTICA: convite a uma nova práxis
Dilséa A. Bonetti, Marlise Vinagre, Mione A. Sales, Valéria M. M. Gonelli (Orgs.)

Capa: Ramos Estúdio
Preparação de originais: Ana Maria Barbosa
Revisão: Rinaldo Milesi
Composição: Linea Editora Ltda.
Assessoria editorial: Elisabete Borgianni
Secretaria editorial: Priscila F. Augusto
Coordenação editorial: Danilo A. Q. Morales

Nenhuma parte desta obra pode ser reproduzida ou duplicada sem autorização expressa das organizadoras e do editor.

© 1996 by CFESS

Direitos para esta edição
CORTEZ EDITORA
Rua Monte Alegre, 1074 – Perdizes
05014-001 – São Paulo – SP
Tel.: (11) 3864-0111   Fax: (11) 3864-4290
e-mail: cortez@cortezeditora.com.br
www.cortezeditora.com.br

CFESS
SCS Q. 08 Bl. B-60
Sl. 439 Ed. Venâncio 2000
70333-900 – Brasília – DF

Impresso no Brasil – fevereiro de 2016

SUMÁRIO

Prefácio 9
Apresentação 15

PARTE I
Ética e práxis política: o rumo dos projetos societários nos anos 1990

1. Ética e crise dos projetos de transformação social
   José Paulo Netto 25
2. Crise, socialismo e democracia
   João Machado 38

PARTE II
A ética e as profissões

1. O espaço da ética na relação indivíduo e sociedade
   Mário Sérgio Cortella 59
2. A ética das profissões
   Carlos Simões 73
3. Bases filosóficas para uma reflexão sobre Ética e Serviço Social
   Maria Lúcia Silva Barroco 87

PARTE III
Serviço Social e Ética

1. O debate contemporâneo do Serviço Social e
a Ética Profissional
Marilda Vilella Iamamoto 105

2. A ética profissional nos anos 1990:
contribuições ao 7º CBAS 127

2.1 Algumas considerações sobre Ética e Valor
Beatriz Augusto de Paiva 127

2.2 Quem tem medo da ética?
Mione Apolinario Sales 134

2.3 Considerações sobre o Código de Ética dos
assistentes sociais
Maria Lúcia Silva Barroco 142

2.4 A importância da reflexão Ética na formação
do profissional de Serviço Social
Cristina M. Brites, Isabel P. de Vasconcelos,
Laura da S. Santos e M. Célia Pantaleão e Silva 148

2.5 Formação profissional, Ética e cidadania
Raquel de Matos L. Gentilli 155

PARTE IV
Ética profissional como compromisso coletivo

1. Ética profissional: por uma ampliação
conceitual e política
Marlise Vinagre — CFESS 167

2. Formação profissional, ética e transformação social
Maria Eulália Moreira — ABESS 177

SERVIÇO SOCIAL E ÉTICA

3. Ética como objeto de pesquisa
Eugênia Célia Raizer — Cedepss 181

4. Ética e dimensão política da profissão
Ana Maria Arreguy Mourão — ANAS 183

5. Organização estudantil: compromisso com
uma formação crítica
Taciani Pelizaro Cintra e Oliveira — Sessune 186

PARTE V
O Código de Ética de 1993: signo da renovação do Serviço Social no Brasil

1. Reformulação do Código de Ética: pressupostos
históricos, teóricos e políticos
Beatriz Augusto de Paiva, José Paulo Netto,
Maria Lúcia Silva Barroco, Marlise Vinagre e
Mione Apolinario Sales 191

2. A Nova Ética Profissional: práxis e princípios
Beatriz Augusto de Paiva e *Mione Apolinario Sales* 209

ANEXO

Código de Ética Profissional do Assistente
Social — 1993
Conselho Federal de Serviço Social 253

PREFÁCIO

Sabe-se que, desde finais dos anos 1970, e por razões já suficientemente esclarecidas, o Serviço Social experimentou, no Brasil, uma profunda renovação — que envolveu os vários níveis constitutivos da profissão, da sua consolidação acadêmica à ampliação de seus campos interventivos.

Um dos sinais característicos desse processo renovador foi o impressionante (se considerarmos os períodos anteriores da história do Serviço Social entre nós) crescimento da literatura especializada — criando o que um sociólogo chamaria de "mercado nacional de bens simbólicos" profissionais, multiplicaram-se os textos pertinentes à área.

Essa produção, basicamente oriunda dos meios universitários, assinalou uma espécie de maioridade intelectual do Serviço Social e, ao qualificar a área como espaço de elaboração e conhecimentos, credibilizou os assistentes sociais para a interlocução com outras disciplinas. Mas, muito especialmente, veio configurando o acúmulo de uma massa crítica que tem permitido, além do adensamento da formação das novas gerações para responder às demandas da sociedade brasileira, a compreensão do próprio processo histórico da profissão entre nós.

Existe, porém, uma enorme lacuna, um formidável vazio no conjunto dessa produção — e este quase silêncio diz respeito à *problemática da ética profissional*: contam-se nos dedos de uma só mão os estudos expressamente consagrados ao tema.

No marco de uma profissão que, no curso da sua história, no Brasil, conheceu a formalização de cinco Códigos de Ética (respectivamente: 1947, 1965, 1975, 1986 e 1993), este não é um silêncio qualquer. Ao contrário, ele deve sinalizar condicionalismos, determinações e motivos de fundo, e substantivos. Sinalização cujo relevo se torna mais destacado se lembrarmos que, na sua gênese e no seu desenvolvimento, o Serviço Social esteve francamente ancorado numa perspectiva moralizadora da ação social. Em suma: o silêncio em tela é, em si mesmo, eloquente.

Os raros investigadores que voltam sua atenção para a problemática da ética profissional levantam hipóteses diferenciadas para explicar este fenômeno. Dentre esses, a que talvez mais exaustivamente o tem analisado, a professora Lúcia Barroco, sugere duas ordens de razões para dar conta do fato. A primeira seria a ausência, no acúmulo crítico mencionado anteriormente, de uma sólida fundamentação filosófica — carecendo do "ponto arquimediano" propiciado pela Filosofia, os assistentes sociais careceriam de condições para enfrentar com efeito a problemática dos *valores*, fulcro da pesquisa ética e parâmetro das prescrições morais. A segunda seria a subsunção da especificidade da ética, seja a imperativos de raiz religiosa (no quadro do tradicionalismo profissional), seja a diretrizes de natureza estritamente ideopolítica (na moldura de um abstrato "compromisso com a classe trabalhadora").

Estas pistas analíticas me parecem fecundas e persuasivas, sem prejuízo de alternativas que, seguramente, outros investigadores podem oferecer. Será do confronto entre perspectivas analíticas diferentes, aliás, que poderemos esperar uma clarificação suficiente dos complexos problemas (e suas incidências prático-profissionais) que aqui estão em jogo.

Entretanto, este confronto só se mostrará efetivamente produtivo se ele desbordar as fronteiras de um debate entre especialistas e for socializado como uma questão substantiva da agenda profissional, envolvendo segmentos cada vez mais amplos da categoria numa polêmica mobilizadora. O que precisa ser tornado expressamente claro e nítido é que a temática da ética profissional não é um aspecto secundário ou pontual da vida dos assistentes sociais, limitado à formal construção e cumprimento de um Código — o que tem que se tornar consensual é a ideia-chave de que a problematização ética é, no Serviço Social, um constituinte irrecorrível do perfil profissional.

A tarefa não é simples. Numa quadra sócio-histórica como esta, que agora nos cabe viver, na qual o pragmatismo ético que deságua no cinismo e na cumplicidade disfarçados só parece ter como alternativa um moralismo de anacrônico sabor utópico-romântico, ativar um largo e democrático processo de confronto em torno da dimensão ética da profissão é desafio de monta.

Eis por que cabe enfatizar, sem correr o risco do exagero, a significação histórica da empresa em que se lançou, entre 1991 e 1993, o CFESS[1] (com o respaldo de outras instâncias

---

1. Após a aprovação da nova Lei de Regulamentação da Profissão de Assistente Social (Lei n. 8.662), em 7 de junho de 1993, a denominação do, até então, Conselho Federal de Assistentes Sociais (CFAS) e do Conselho Regional de Assistentes Sociais (CRAS), conforme o seu artigo 6º, foi alterada, respectivamente, para Conselho Federal de Serviço Social (CFESS) e Conselho Regional de Serviço Social (CRESS). Sem prejuízo da referência histórica, optou-se por adotar ao longo deste livro a denominação em vigor.

representativas da categoria): a reformulação do Código de 1986 foi conduzida na ótica de uma polemização inclusiva da questão ética e com o apelo à mais ampliada participação dos assistentes sociais. Salvo grave erro de análise, o processo de que resultou o Código de 1993 não tem similar anterior: pela primeira vez em nossa história profissional, a elaboração de um código foi posta como projeto coletivo, no qual a vigência do pluralismo não se degradou no relativismo da indiferenciação, mas se objetivou na consolidação de uma hegemonia que já se afirmara em 1986.

Neste sentido, os esforços de 1991-93 foram um passo decisivo para conferir à dimensão ética da profissão a saliência que lhe é inerente. Também neste sentido, os textos que agora se tornam acessíveis ao conjunto da categoria, graças a esta publicação em livro, representam um passo adiante para solucionarmos positivamente a grande lacuna registrada anteriormente.

A intenção que anima esta publicação é, contudo, mais que a de oferecer à categoria profissional alguns dos materiais que subsidiaram a elaboração do Código de 1993 (que, com este livro, ganha mais divulgação e maior acessibilidade). O objetivo principal é estimular a prossecução do debate que se desenvolveu entre 1991 e 1993; o que importa — não é apenas conhecer o novo Código e incorporá-lo como referência para o nosso dia a dia de trabalho: o verdadeiramente importante é dar continuidade ao questionamento de que ele é fruto. É animar e renovar o interesse pela Ética Profissional, do ensino na graduação ao elenco das atividades nos locais de trabalho, tomada não como o rançoso rol de permissões e proibições, mas como espaço privilegiado de indagação acerca do significado social da profissão e do alcance das nossas liberdade/responsabilidade enquanto técnicos e cidadãos.

Se este livro contribuir nesta direção (a qual, em si mesma, é suposto para que a categoria profissional se inscreva num projeto social vinculado aos vetores humanistas que colidem com a exploração, dominação e a alienação), certamente que os seus autores — indivíduos e coletivos profissionais — verão recompensados os seus esforços.

E, mais certamente ainda, quando novas circunstâncias sócio-históricas nos conduzirem a redimensionar o Código hoje vigente, poderemos avançar com mais solidez em nosso projeto profissional.

José Paulo Netto

APRESENTAÇÃO

Os dilemas da sociedade brasileira complexificam-se a partir dos anos 1980 com a crise econômica recessiva, decorrendo daí uma nova configuração da sociedade, com profundas transformações culturais e nas relações de trabalho, concomitantemente à luta dos setores organizados por direitos democráticos. Tais transformações ressoam nas práticas sociais em geral e nas práticas profissionais (inclusive no Serviço Social), colocando na ordem do dia a revisão do compromisso ético-político com a população usuária de seus serviços. No caso do Serviço Social, esse quadro trouxe avanços no processo de renovação que vinha sendo experimentado nas últimas duas décadas. Essa atualização se inscreve na esfera do ensino e da produção do conhecimento, da organização da categoria e do próprio exercício da profissão. Mais especificamente, as revisões que aí se inscreveram repercutiram na revisão curricular e na legislação básica que serve de referência à profissão, destacando-se o debate acerca da Ética e do Código de Ética Profissional.

Como prática social situada historicamente, datada e não asséptica, a profissão move-se com os influxos democratizantes gestados contra as amarras da ditadura militar, potencializando um crescente amadurecimento no âmbito da categoria. Este fecundo processo de maturação redunda em ganhos mensuráveis, quer na revisão do currículo, quer na produção acadêmica, com visível salto de qualidade na ordem do debate profissional, por intermédio de seus fóruns de discussão.

O adensamento do debate profissional, sobretudo na década de 1980 e início dos anos 90, levou a um amadurecimento na reflexão da teoria crítico-dialética, que fundamenta o projeto profissional a partir do chamado processo de reconceituação. Reúne um esforço de ampliação da concepção de aliança com os usuários do Serviço Social e das ideias de compromisso com os valores da liberdade, democracia, cidadania e direitos sociais.

Aos poucos, superam-se as práticas militantistas e messiânicas, impregnadas de um conteúdo, muitas vezes romântico, parcializado, meramente denunciativo/acusatório e caudatário de uma visão vulgar do marxismo. Ao mesmo tempo, avança-se na direção de um debate plural consequente, que não se confunde com pronunciamentos ecléticos, ancorado na necessidade de convívio democrático com a diversidade, tendo como suposto o crédito no compromisso com os princípios libertários.

Nos contornos da referida reflexão teórico-metodológica, vem aparecendo a necessidade de recuperar elementos não suficientemente trabalhados da teoria crítico-dialética, tais como: relação indivíduo/sociedade, heterogeneidade das classes sociais e constituição da subjetividade.

Esse debate tem como fulcro a posição de defesa da superação da abordagem burocrático/instrumental da sociedade e do Estado, bem como de busca da ultrapassagem do pensamento binário, tributário da lógica positivista-conservadora de inspiração cartesiana.[1] Tal abordagem mostrava-se

---

1. Este pensamento se ancora nas dicotomias razão/emoção, teoria/método/ valor, objetividade/subjetividade, produção/reprodução.

insuficiente, seja pela fixidez analítica, seja pela debilidade do corpo de conhecimentos teóricos e de parâmetros éticos de que dispunha a categoria profissional.

Entretanto, o conjunto dos profissionais articulado em torno dessa discussão e protagonizados pelo Conselho Federal de Serviço Social, ao mesmo tempo em que assumia o compromisso com a tarefa de tornar os instrumentos que norteiam o exercício profissional sintonizados com a história contemporânea, tinha clareza de que precisavam ser assegurados os avanços obtidos até então (incluindo-se aí o Código de Ética de 1986). Especificamente, a noção do expresso compromisso com as classes trabalhadoras, plasmado no debate hegemônico da categoria (em especial no Código de 1986), deveria ser mantida. Contudo, essa noção deveria ser ampliada e melhor explicitada no sentido do comprometimento com um projeto profissional radicalmente democrático que se desenhava no interior da categoria.

Esse projeto profissional comprometido com os *Novos Tempos* buscava perseguir a ideia do *homem vivo*, "de carne e osso", ao mesmo tempo em que visava a ressignificação da noção de liberdade, considerando-a como valor ético fundamental. Isto implica a superação de concepções liberais, tomando o homem como ser de liberdade e de criação, que se produz nas e a partir das relações sociais. Então, trata-se de um homem complexo, síntese de múltiplas determinações, logo pluridimensional, multifacético. Um homem que precisa ser apreendido criticamente, na complexidade concreta e histórica das mediações que estabelece com outros sujeitos sociais e grupos sociais particulares, permeadas pelas determinações de classe e pelos cortes de gênero, raça/etnia, geração e outras relações estabelecidas em um contexto onde a categoria totalidade é central. Tal perspectiva aponta a necessidade de se transitar nos planos da articulação universal/ particular/singular, abandonando-se qualquer perspectiva fundada em visões fragmentárias da realidade ou em generalismos abstratos.

Nesse esforço de reflexão do conteúdo ético do Código de 1986, estão subjacentes valores como: plena emancipação/ realização do homem, defesa da vida humana, de indivíduos sociais detentores de direitos como condição *sine qua non* de cidadania (direitos civis, sociais, políticos, econômicos) e de justiça social.

Ao se fazer referência aos direitos humanos, está se avançando na direção da sua compreensão a partir de seu conteúdo histórico e, portanto, na direção da ultrapassagem da ética da satisfação das necessidades básicas, com vistas a uma ética da autonomia do ser social, a uma ética verdadeiramente libertária. Esta nova ordem ética presume a superação de todos os processos de dominação-exploração, de autoritarismos de qualquer natureza, e de barbarização da vida social, bem como exige observância de espaços para se realizarem os processos de individualização.

Foi a sensibilidade para com essas demandas que levou o CFESS (gestão 1990-93) a assumir o desafio de enfrentar este debate, agendando-o desde a sua plataforma programática e colocando na ordem do dia das pautas dos encontros profissionais que organizou, em parceria com os Conselhos Regionais de Serviço Social (CRESS), a Associação Brasileira de Ensino de Serviço Social (ABESS), o Centro de Documentação e Pesquisa em Políticas Sociais e Serviço Social (Cedepss), a Associação Nacional dos Assistentes Sociais (ANAS), existente na época, e a Sub-Secretaria de Serviço Social na UNE/Sessune (atual Enesso/Executiva Nacional dos Estudantes de Serviço Social).

SERVIÇO SOCIAL E ÉTICA

O debate ético desencadeou-se o mais amplamente possível, contando com a maciça participação da categoria, expressa nas diversas conferências e comunicações apresentadas, bem como por contribuições de profissionais de áreas afins. Esse processo teve início no I Seminário Nacional de Ética (agosto de 1991), tendo continuado no 7º CBAS (maio de 1992), no II Seminário Nacional de Ética (novembro de 1992), em diversos encontros estaduais, e culminando com a aprovação do novo Código de Ética,[2] no XXI Encontro Nacional CFESS/CRESS (fevereiro de 1993). Em março de 1993, entrou em vigor o novo Código.

A presente publicação reúne conferências e comunicações realizadas no processo de discussão que subsidiou a elaboração do Código de Ética em vigor.

Os textos estão agrupados em cinco partes. A primeira delas centra-se na fundamentação crítico-analítica do momento conjuntural, onde se colocava a discussão da crise dos projetos de transformação social e sua relação com a ética. As conferências dos professores José Paulo Netto e João Machado, proferidas no I Seminário Nacional de Ética, realizado na PUC-SP, retratam essa realidade.

Os textos que compõem a Parte II fornecem elementos para se pensar a ética das profissões, partindo da relação indivíduo-sociedade para chegar à particularidade do Serviço Social. Aí estão presentes as contribuições dos professores Mário Sérgio Cortella, Carlos Simões e Maria Lúcia Barroco,

---

2. O CFESS constituiu uma Comissão Técnica Nacional de Ética para elaborar novo Código, considerando o conjunto das necessidades e valores expressos pela categoria, composta pelos assistentes sociais e professores de Serviço Social: Beatriz Augusto de Paiva, José Paulo Netto, Maria Lúcia Silva Barroco, Marlise Vinagre e Mione Apolinario Sales, e pela assessora jurídica Silvia Helena Terra.

constituídas pelas conferências que realizaram no evento citado acima.

A Parte III contém conferência proferida pela professora Marilda Vilela Iamamoto, apresentada originariamente no XXI Encontro CFESS/CRESS, realizado em Salvador/BA, desenvolvida a partir de três grandes eixos: o primeiro explicita a perspectiva de análise da autora, o segundo resgata o debate profissional dos anos 1980 e o último tematiza a relação entre conhecimento e valores e as rupturas ocorridas na profissão após a reconceituação.

Ainda nessa parte são apresentadas algumas comunicações debatidas no 7º Congresso Brasileiro de Assistentes Sociais, que foi o primeiro congresso a organizar um painel temático sobre ética.

A Parte IV reproduz o empenho do CFESS em reformular o Código de Ética, em consonância com os avanços teórico-políticos da profissão; empenho expresso na palestra da professora Marlise Vinagre, na época presidente dessa entidade, bem como nas intervenções das representantes das demais entidades da categoria, também durante o I Seminário Nacional de Ética.

Finalizando, na última parte, é apresentado o Código de Ética Profissional do Assistente Social, aprovado em 13 de março de 1993, precedido de dois textos. O primeiro deles de autoria da Comissão Técnica Nacional de Reformulação do Código de Ética Profissional, constituiu o principal subsídio para o processo de elaboração da nova normatização ética profissional. O segundo, elaborado após três anos da promulgação desse código, pelas professoras Beatriz Augusto de Paiva e Mione Apolinario Sales, membros do CFESS (gestões 1993-96 e 1996-99), objetiva traduzir com maior detalhamen-

SERVIÇO SOCIAL E ÉTICA

to as bases teórico-filosóficas e os indicativos práticos contidos nos princípios do Código de 1993, tornando mais acessível o seu entendimento e manuseio.

Dilsea Adeodata Bonetti*
Marlise Vinagre**
Mione Apolinario Sales***
Valéria Maria de Massarani Gonelli****

---

* Doutora em Serviço Social; professora do Programa de Pós-Graduação em Serviço Social da PUC-SP; conselheira do CFESS (gestão 1990-93).

** Doutoranda em Ciências Sociais; professora da Escola de Serviço Social da UFRJ; presidente do CFESS (gestão 1990-93).

*** Mestre em Serviço Social; professora da Faculdade de Serviço Social da UERJ; conselheira do CFESS (gestões 1993-96 e 1996-99).

**** Assistente Social da Prefeitura de São Vicente/SP. Conselheira do CFESS (gestões 1990-93 e 1993-96).

PARTE I

ÉTICA E PRÁXIS POLÍTICA: O RUMO DOS PROJETOS SOCIETÁRIOS NOS ANOS 1990

1

ÉTICA E CRISE DOS PROJETOS DE TRANSFORMAÇÃO SOCIAL

José Paulo Netto *

Inicio a minha intervenção agradecendo o convite dos organizadores deste I Encontro Nacional de Ética e Serviço Social, por três razões principais. Em primeiro lugar, pela oportunidade de participar de uma mesa tão relevante como a que tem início nesta manhã. Em segundo lugar, pela possibilidade de um contato praticamente massivo com representantes da nossa categoria profissional. E, *last but not least*, pela chance de expor algumas ideias num evento que me parece extremamente importante no debate contemporâneo do Serviço Social no Brasil.

---

* Doutor em Serviço Social; professor da Escola de Serviço Social da UFRJ; professor participante dos Programas de Pós-Graduação da PUC-SP e do Instituto Superior de Serviço Social de Lisboa.

Sabe-se que a temática da ética não tem sido suficientemente contemplada nas discussões dos últimos anos. Por isto, este é um momento muito significativo como ponto de partida para a abordagem de um complexo de problemas realmente substantivo e atual, que apresenta indiscutíveis rebatimentos teóricos e prático-profissionais no campo do Serviço Social.

O objetivo que devemos tratar hoje é "A ética e a crise dos projetos de transformação social". É desnecessário pontuar o seu caráter polêmico e a sua amplitude, que permitem os mais variados enfoques alternativos. Em face dele, pretendo apenas oferecer, como hipóteses de trabalho, algumas rápidas e breves indicações para a nossa reflexão, que certamente se aprofundará no debate que travaremos a seguir, configurando uma pequena contribuição ao esforço coletivo que a categoria está empreendendo, dinamizada pelo CFESS, com o objetivo de repensar o seu Código de Ética.

Previamente, julgo relevante explicitar o meu ângulo de análise, pois ele determina o conteúdo das observações que desenvolverei. A perspectiva em que me situo é conhecida — apesar da maré-montante da pós-modernidade, eu me conservo e me reclamo vinculado à tradição marxista e ao movimento socialista revolucionário. Um amigo tolerante me diz que sou um animal em extinção; não creio — antes, penso que o vigor crítico da inspiração marxiana é mais contemporâneo que nunca e que dentro de poucos anos a "velha toupeira" de que falavam os clássicos colocará a cabeça de fora, repondo na ordem do dia a crítica societária derivada de Marx.

Em seguida, quero indicar o andamento da minha intervenção: iniciarei com sucintas pontuações conceituais, passarei ao que vem sendo chamado de "crise dos projetos de transformação social" (tangenciando suas incidências teóricas) e, por fim, assinalarei elementos que creio significativos para o debate que terá lugar na sequência deste encontro.

Parece haver, usualmente, uma identificação entre ética e moral. Tal identificação não é desprovida de sentido, uma vez que, no centro das discussões éticas, está o problema dos valores e a vida moral é necessariamente tencionada por eles. Questão central, pois, é determinarmos o que entendemos por valor. A pensadora húngara Agnes Heller, ao tempo em que se movia no interior do campo da tradição marxista, formulou ideias basilares para a compreensão do valor, a partir da seguinte determinação: *valor é tudo aquilo que contribui para explicitar e para enriquecer o ser genérico do homem*, entendendo como *ser genérico* um conjunto de atributos que constituiriam a *essência humana*. Recuperando elementos da obra de Georg Markus (então, como ela, um discípulo de Georg Lukács), Heller considera que estes atributos são: a *objetivação* (expressa prioritariamente, em termos ontológicos, pelo *trabalho*), a *socialidade*, a *consciência*, a *universalidade* e a *liberdade*. Estes atributos comporiam a *essência humana*, concebida não como uma estrutura intemporal e/ou a-histórica, dada e imutável, mas como a processualidade dinâmica constitutiva do *ser social*, resultado sempre em aberto e inconcluso da infinita humanização do homem. Objetivos, ontológicos, sociais, construídos e conquistados historicamente, tais atributos teriam nos valores os meios, modos, instâncias e instituições mediante os quais se enriquecem e se explicitam.

Mas a relação dos indivíduos que somos com o ser genérico do homem, com a *genericidade*, não é imediata. Os indivíduos, as *singularidades* que somos, não se remetem, não se vinculam diretamente ao ser genérico — na nossa vida cotidiana atuamos necessariamente enquanto indivíduos, e nossa relação com a genericidade humana não está dada e estabelecida: devemos construí-la. A autêntica realização dos indivíduos efetiva-se quando eles se elevam da sua singularidade à genericidade. Ora, a moral é precisamente um sistema de costumes e de exigências que permite essa elevação. Ela viabiliza a relação das várias esferas da vida dos indivíduos com a genericidade do ser social.

Nesta linha de análise, pode-se, pois, distinguir moral de ética. A primeira é um sistema mutável, historicamente determinado, de costumes e imperativos que propiciam a vinculação de cada indivíduo, tomado na sua singularidade, com a essência humana historicamente constituída, com o ser social tomado na sua universalidade. A ética, por seu turno, é a análise dos fundamentos da moral, remetendo compulsoriamente à reflexão filosófica ou metafilosófica.

Ainda no tocante a clarificações conceituais, eu me permitiria indicar a premente necessidade de precisar o que entendemos por *transformação social*. No universo vocabular dos assistentes sociais, esta expressão tomou ares de verdadeiro fetiche. A nossa categoria profissional, nos últimos anos, parece um batalhão decidido a promover a "transformação social"; não conheço um único assistente social que verbalize qualquer restrição a um "compromisso" com a transformação. Essa unanimidade, como qualquer outra, me é suspeita. Por isto mesmo, julgo que devemos distinguir processos de *mudança social* de processos de *transformação social*.

Nas três últimas décadas do século XIX, o capitalismo transitou de seu estágio concorrencial ao patamar monopolista, num movimento com amplas e fundas incidências sobre a configuração da ordem burguesa. Eis aí um claro exemplo de mudança social. Outro exemplo pode ser encontrado nas alterações contemporâneas por que passa o capitalismo que Mandel chamou de *tardio*, com a substituição (de acordo com a terminologia de Harvey) de um "padrão de acumulação rígida" por um de "acumulação flexível" — também aqui, ponderáveis modificações estão ocorrendo na ordem burguesa. Mas outra é a estrutura de processos de transformação social, que implicam alterações substantivas no estatuto da propriedade dos meios de produção fundamentais, na organização classista do poder político e no padrão de interação das classes sociais (com todas as suas implicações na vida cotidiana dos homens). A passagem da Rússia czarista, em 1917, à República soviética; a organização social que tem suas bases lançadas, a partir de 1947, na Iugoslávia e a subversão operada na sociedade cubana, a partir de 1961 — eis aí exemplos de processos de transformação social, que nessa ótica, são mais que mudanças sociais, são mais que processos de modernização social — é a sinalização de um movimento no sentido da supressão dos fundamentos da ordem burguesa, no sentido da *transição socialista*. Numa palavra: transformação social é o equivalente da carga semântica que saturou o termo *revolução*.

Feitas essas observações, podemos passar à questão dos projetos de transformação social.

Eu não teria dúvidas em afirmar que, no século XX — e sem deixar de considerar o que o nosso século, também aqui, deve ao século extraordinário que foi o XIX —, os projetos significativos de transformação social se consubstanciaram no movimento socialista. Este é o portador dos projetos de transformação social da e na ordem burguesa.

O movimento socialista, desde meados do século XIX, é formado por um espectro muito diferenciado de projeções, proposições, tendências e expressões ideopolíticas. E este caráter heterogêneo, não raro conflituoso, também percorre as suas manifestações ao longo do século XX. Tratarei aqui apenas de duas das suas tendências constitutivas, mas que me parecem, incontestavelmente, as mais influentes desde a Primeira Guerra Mundial.

À primeira tendência, denominada desde o fim da Primeira Guerra como social-democrata, *chamarei* de *socialismo reformista*. Muito sinteticamente, pode-se dizer que seu projeto de transformação social consistia na tese segundo a qual a implementação de reformas sociais, no marco da ordem burguesa, engendraria uma correlação de forças tal que acabaria por metamorfosear, num processo gradual, as estruturas básicas do capitalismo, abrindo a via à construção, sem rupturas, da sociedade sem exploração e opressão de classe. Nesta projeção, a socialidade burguesa seria superada sem grandes traumatismos sociopolíticos, graças aos avanços assegurados por reformas operadas *dentro da ordem*.

A análise das experiências social-democratas — naqueles países em que socialistas reformistas chegaram ao governo central e tiveram oportunidade de, por um período significativo, intervir nas decisões político-econômicas macroscópicas — mostra, pelo menos até o final da década de 1970, um saldo positivo que está longe de ser desprezível: naqueles países (com destaque especial para a Europa nórdica), registraram-se efetivos ganhos sociais para as camadas trabalhadoras. Entretanto, é igualmente indiscutível que as conquistas sociais propiciadas pelas experiências do socialismo reformista não afetaram minimamente as estruturas básicas da ordem burguesa; antes, em vez de erodi-las, promoveram uma ampla relegitimação delas, mediante a integração de largas camadas trabalhadoras ao seu jogo institucional. É, pois, uma constatação histórica observar que o projeto do socialismo reformista (assentado numa concepção de transformação social que eu chamaria de *paradigma reformista*) fracassou enquanto projeto de ultrapassagem da sociedade burguesa. Mais ainda: este projeto, nos anos mais recentes de sua crise, tem revelado uma verdadeira e prática *capitulação* diante da ordem burguesa, como veremos posteriormente.

À segunda grande vertente do movimento socialista (que, como a anterior, também comportou diferenciações internas), eu chamaria de *socialismo revolucionário* — seu exemplo mais conhecido e exitoso foi o bolchevismo. Suas proposições situavam-se nas antípodas da tese reformista: seu projeto supunha a ultrapassagem da ordem burguesa por meio de uma ruptura inicialmente política, com a tomada do poder de Estado, num quadro de convulsão social intensa e profunda, pela organização política do proletariado (um partido classista de vanguarda). Na sequência, profundas transformações econômico-sociais, com impactos traumáticos, seriam implementadas pelo poder revolucionário.

Estou convencido — e o afirmo depois da "queda do Muro" — que as experiências sociais propiciadas no marco deste *socialismo revolucionário* (na base do qual estaria uma concepção de transformação social que eu designaria como *paradigma revolucionário insurrecional*) foram historicamente decisivas e determinaram ganhos para os trabalhadores de todo o mundo, inclusive para aqueles que viviam fora das fronteiras do "socialismo real". O fato de aquelas experiências, por razões sociopolíticas perfeitamente compreensíveis, terem degenerado frequentemente em cristalizações burocráticas, principais responsáveis pelo colapso dos regimes políticos que engendraram, não pode obscurecer a sua significação histórica. Contudo, parece-me que este paradigma também está exaurido, não tanto pela reversão dos seus ganhos na Europa Central e Oriental, mas especialmente pela sua visível implausibilidade no quadro da ordem burguesa madura e avançada.

Em síntese, os dois projetos de transformação social (e seus respectivos paradigmas) mais decisivos no curso do século XX me parecem esgotados. De uma parte, a projeção do socialismo reformista perdeu suas características culturais originais, inclusive classistas, convertendo-se num projeto de feição eleitoral; com o agravamento das mazelas da ordem burguesa, nos limites da crise do capital que veio à tona nos anos 1970, os socialistas reformistas têm capitulado descaradamente em face da pressão conservadora — basta lembrar a orientação econômico-financeira e o direcionamento sociopolítico dos governos de Mitterrand (pós-1985), de Papandreou, de Soares e de González para constatar a que ponto chegou a deterioração de um projeto social que, no passado, foi respeitável. De outra parte, as promessas (e as realizações) do projeto socialista revolucionário viram-se fundamentalmente comprometidas pelas restrições políticas que acompanharam a cristalização burocrática em que suas experiências derivaram, com a desintegração do "mundo socialista" enterrando, a curto prazo, a possibilidade de uma "renovação pelo interior" das sociedades em que o modelo stalinista se firmou nessas sociedades, o que parece impor-se, no mesmo curto prazo, é a restauração capitalista.

Ao considerar esgotados e exauridos esses dois projetos de transformação social, porém, não me aproximo de qualquer hipótese de um "fim da história" (que, como é do conhecimento de todos, mais uma vez, nas mãos de um mistificador como Francis Fukuyama, exerce uma clara função de apologia do mundo do capital). Penso, antes, que nos encontramos numa conjuntura histórica muito determinada, cuja nota evidente — mas não única — é o *refluxo do movimento socialista*, de que o exaurimento assinalado é o sinal mais flagrante. Sem dúvida, há uma *crise dos projetos de transformação social mais significativos* que se desenvolveram ao longo deste século. Mas confundir esta conjuntura com uma tendência estrutural de largo prazo é supor que a ordem burguesa e a dinâmica do capitalismo podem suprimir todo o complexo leque de contradições e antagonismos que lhes são inerentes e que têm sido repostos, diferencialmente, em todos os seus momentos evolutivos.

De fato, uma análise rigorosa do capitalismo contemporâneo, cujas bases comparecem em obras de inúmeros teóricos sociais, sugere que sua dinâmica atual, para além de não resolver minimamente as suas contradições "clássicas", vem gerando toda uma série de novas problemáticas, novas contradições e antagonismos, novos impasses — que exigem, para seu equacionamento e sua resolução, condições, instrumentos e intervenções que colidem com a estrutura mesma da ordem burguesa. Isto significa que as requisições, as demandas de transformação social (socialista) não são obra de agitadores políticos, dirigentes ou teóricos, *mas derivam da objetividade do movimento social* — são postas, objetivamente, pela realidade da ordem burguesa. Em resumo, as demandas de transformação social — mesmo com a crise dos projetos citados — continuarão operantes, na escala mesma em que a ordem burguesa permanece vigente.

Entretanto, a existência objetiva dessas demandas não resultará, automática e necessariamente, por obra de um determinismo qualquer ou pela demiurgia de um deus qualquer oculto na história (ou fora dela), num novo projeto de transformação social ou na garantia a-histórica e principista da construção de uma ordem social situada para além dos limites da ordem burguesa. *A transformação social não é apenas uma função da existência objetiva de requisições e demandas socialistas: ela é, ainda e sobretudo, função de uma* vontade política *capaz de fundar uma* estratégia *apta a orientar a ação política dos homens para a constituição de uma nova ordem social.*

Falar em *vontade política* implica, hoje, necessariamente, falar na sua fundação teórica. Política não é teoria, mas supõe um conhecimento teórico capaz de embasá-la. Esta notação, no caso de uma vontade política socialista, coloca o problema das possibilidades teóricas atuais — e chegamos aqui à tão propalada *"crise do marxismo"*, que seria um capítulo particular da também propagada "crise dos paradigmas". Na mídia e na universidade, o que hoje tem largo curso não é só a tematização do "fracasso do socialismo" ou do "colapso do comunismo": é, também, a tese da falência do marxismo. Eu, que já assisti a vários enterros de Marx e a muitos funerais de sua obra, não me impressiono com esse alarido. Mas é preciso dizer algo sobre ele.

A crise terminal do "socialismo real" deve ser claramente distinguida de crises no campo teórico da tradição marxista (tradição, ela mesma, muito diferenciada, cortada por leituras, interpretações e desenvolvimentos diversos e até colidentes). Por um lado, há a considerar que o próprio "socialismo real" foi objeto de críticas radicais elaboradas no interior mesmo desse bloco heterogêneo que é o que chamamos de marxismo. Por outro, e mais importante, o desenvolvimento da tradição marxista foi, *sempre*, um desenvolvimento dinamizado a partir de crises. No interior desta tradição teórica, desde a última década do século XIX sucedem-se crises — num movimento que tem implicado a sua ampliação, o seu enriquecimento e a sua renovação. Como diz o professor Hobsbawm, não temos a "crise do marxismo" — o que temos são "crises no marxismo". O que hoje testemunhamos é mais uma crise no interior desta tradição: o colapso do "socialismo real", a meu juízo, implica o colapso das concepções que foram o seu corolário ideológico, didaticamente reunidas naquilo que a autocracia stalinista consagrou como "marxismo-leninismo". Esse monstrengo ideológico — com o qual Marx e Lenin têm pouco a ver — realmente não resistiu à derrocada do socialismo burocrático. Mas reduzir a ele a tradição marxista, na sua riqueza, ou identificar a ele a obra de Marx — eis aqui operações que só podem ser realizadas no marco da ignorância ou da má-fé.

Não vejo, franca e diretamente, nenhuma alternativa teórica de análise crítica do capitalismo e da ordem burguesa fora da teoria social de Marx. Não vislumbro qualquer possibilidade de *crítica radical* do capitalismo e da ordem burguesa sem o respaldo do legado marxiano. É evidente, e não há por que perder tempo com esta observação, que Marx não é suficiente para que possamos compreender o presente. Marx morreu há mais de cem anos, o capitalismo e a ordem burguesa se alteraram profundamente, nosso mundo é diverso do que ele viveu e conheceu. Mas *Marx é absolutamente necessário para a compreensão atual da ordem burguesa*: é o desenvolvimento criativo do referencial teórico-crítico elaborado por ele que pode nos abrir a via para dar conta dos processos estruturais contemporâneos da nossa sociedade. Inclusive na análise do fracasso das experiências do "socialismo real", a contribuição da teoria social de Marx é insubstituível, como o prova a superficialidade gritante da maioria dos estudos que nos têm sido oferecidos por críticos não marxistas.

Finalizando, sugiro, a partir das reflexões feitas, quatro pontos que podem nortear o debate que, certamente será travado:

1. Todo processo de transformação social, tal como o delimitei, tem implicações ético-morais — na medida em que constitui um novo marco sócio-histórico, propicia a emergência de novos padrões morais. Mas os processos de transformação social não têm somente implicações éticas; eles têm, igualmente, *motivações morais* que remetem à ética: a recusa de determinada moralidade pode abrir o caminho para que indivíduos e grupos sociais se vinculem a projetos de transformação social. Cabe observar, porém, que motivações puramente morais são bases frágeis para mobilizar no sentido da transformação social; frequentemente, os sujeitos políticos que se movem à base de requisições morais mergulham no *moralismo* ou se perdem no *voluntarismo*. E um e outro, como nos indica a experiência histórica, em geral desembocam, por razões diferentes e ao cabo de algum tempo, na *resignação* — a velha resignação, que Comte, com a sabedoria dos conservadores, sabia ser a melhor garantia para qualquer ordem social;

2. É inquestionável a crise contemporânea dos dois principais projetos de transformação social que marcaram o século XX: o *socialismo reformista* e o *socialismo revolucionário*, bem como dos paradigmas que fundavam a sua concepção de transição para além da ordem burguesa. Tal crise não demarca, porém, um "fim da história", antes assinalando uma conjuntura em que as objetivas demandas socialistas não encontraram, ainda, o suporte de uma vontade política que as direcione;

3. A crise do "socialismo real" feriu de morte uma vertente da tradição marxista, aquela que legitimou, ideológica e acriticamente, as suas experiências — o assim chamado marxismo-leninismo. Mas a teoria social de Marx, desenvolvida diferencialmente em várias direções, permanece o refe-

rencial teórico-crítico que, possibilitando a análise substantiva da ordem burguesa, pode fundar uma nova vontade política socialista;

4. Finalmente, sugeriria que nos detivéssemos um pouco sobre a relevância da teoria social. Por duas razões: primeiro, porque ela é absolutamente fundamental para a renovação e a recriação de projetos de transformação social na perspectiva socialista; segundo, porque ela é absolutamente fundamental para inserir a discussão ético-moral num quadro abrangente, mais amplo que puras reflexões referidas a categorias e especificações profissionais — um quadro, enfim, em que se possa pensar, para além de imperativos compulsórios de dever, uma ética da liberdade.

2

CRISE, SOCIALISMO E DEMOCRACIA

João Machado*

Este é um debate extremamente necessário, neste momento em que tanta coisa se rediscute no mundo, em que se rediscutem profundamente as perspectivas de transformação social. Devo fazer, inicialmente, um esclarecimento: embora tenha uma formação na área de filosofia e de economia, tenho participado dessa discussão, sobretudo, numa perspectiva militante de debate das perspectivas de transformação social e do socialismo. Então, vou privilegiar esse enfoque e me concentrar na questão da crise dos projetos de transformação social. Evidentemente, isso inclui referências à questão da ética, mas não será esse meu ângulo de abordagem.

É bom falar depois da exposição do José Paulo Netto, que considerei abrangente e brilhante, e com cujo conteúdo

---

* Mestre em Filosofia e doutor em Economia; professor do Departamento de Economia Política da PUC-SP.

em grande parte me identifico. Assim, procurarei me apoiar nela e evitar algumas repetições, destacando os aspectos em que tenho uma posição divergente.

A primeira questão que acho interessante enfatizar é que estamos em uma situação grave do ponto de vista da crise de perspectiva dos projetos de transformação social, e, em particular, uma crise de perspectiva do socialismo. Concordo com a abordagem geral feita por José Paulo Netto, pois não acho que seja uma crise terminal do socialismo, nem que seja uma crise de toda a tradição marxista, mas, de qualquer forma, acho que há vários elementos na situação do mundo, hoje, que nos obrigam a reconhecer que estamos vivendo uma crise, que talvez seja, do ponto de vista das perspectivas de transformação social e do projeto socialista, a mais grave que já tivemos.

Talvez, para encontrar um momento mais difícil do que o que estamos vivendo, tivéssemos que recuar aos anos 30, quando, de um lado, houve, nos países capitalistas centrais, a ascensão do nazismo e do fascismo, em particular a consolidação do nazismo na Alemanha, com tudo o que ele significou; e de outro houve a consolidação, na União Soviética, do que depois chamou-se de "socialismo real" (do meu ponto de vista, não correspondia ao projeto socialista originário; ao contrário, reduziu o projeto socialista a um projeto burocrático), e que podemos chamar também de stalinismo.

Acho que há alguns fatos que podemos apontar para assinalar essa crise. Por exemplo, fiquei bastante chocado vendo, dois ou três dias atrás, na *Folha de S.Paulo*, um dos jornais mais lidos do país, um artigo de Margareth Thatcher comentando a crise na União Soviética e dando conselhos a Gorbachev e Yeltsin sobre como deveriam agir. Ora, Margareth Thatcher é uma das pessoas mais conservadoras que a política produziu nas últimas décadas em todo o mundo. Foi responsável por um dos governos mais conservadores da história da Inglaterra. A relação dela com a democracia é, no mínimo, bastante discutível. No seu governo, ela reprimiu uma grande quantidade de greves, propôs uma legislação que reduzia direitos sindicais e assim por diante. Que uma personalidade como Thatcher possa ser considerada como analista do que está se passando hoje no mundo, e que possa ser citada como conselheira para assuntos da democracia na União Soviética, é uma indicação da situação difícil em que estamos hoje. Tenho certeza de que há alguns anos seria inteiramente impensável algo semelhante. Ou, se fosse feito, não seria levado a sério.

Fiquei também muito impressionado, alguns meses atrás, quando tive oportunidade de conversar com um economista de esquerda, socialista, chileno, que tinha sido convidado para participar de um seminário na Europa Oriental. Era um seminário sobre a transformação dos modelos econômicos dos países do Leste europeu, sobre a instalação de uma economia de mercado e sobre formas de privatização. Era uma discussão prática sobre experiências de transição para a economia de mercado. Esse meu amigo chileno descobriu, depois, que tinha sido convidado mais por ser chileno, do que por ser economista, porque uma das personalidades mais admiradas pelos círculos de economistas do Leste era o general Pinochet, e a experiência chilena lhes servia de referência. Ficou bastante espantado: "Mas como? Vocês não sabem que o Pinochet foi responsável por grande repressão, que houve muitos mortos, que as pessoas foram colocadas em campos de concentração e que houve massacre?". Os economistas da Europa Oriental responderam que tinham ouvido falar, mas achavam que era exagero da propaganda socialista. Mas que, de qualquer jeito, eles valorizavam o Pinochet, porque tinha sido capaz de privatizar a economia e de reforçar o mercado. Imaginavam que era alguém que devia ter um lugar na história, mais ou menos como o general Jaruzelsky, que também não consideravam como modelo de democrata, que não era uma pessoa que tivessem na alta conta, mas que tinha o mérito histórico de ter favorecido o desenvolvimento da economia de mercado e a transição nessa direção na Polônia.

Isso mostra uma impressionante reviravolta do sistema de valores e das nossas referências. E era gente séria, estudiosa, economistas sérios, da Hungria, da Polônia, da Tchecoslováquia, da União Soviética e de outros países. E pessoas razoavelmente bem-intencionadas. Que elas pudessem estar tomando como referência séria e como uma personalidade importante o general Pinochet, a quem eles, aliás, pretendiam convidar para fazer palestras, é algo impressionante.

O outro aspecto que é importante assinalar, para marcar a gravidade da crise que estamos vivendo, é a capacidade que tem a última versão da ideologia capitalista, da economia de mercado, chamada neoliberalismo (com a valorização máxima da privatização e do mercado como critério geral para definir as questões econômico-sociais) de se espalhar e de influenciar até mesmo setores da esquerda. Encontramos muita gente que tem toda uma tradição de defesa da transformação social, inclusive socialista, na defensiva diante da propaganda ideológica do neoliberalismo.

José Paulo se referiu, de maneira correta, ao esgotamento do modelo socialismo reformista, modelo que foi representado durante várias décadas pela social-democracia. Podemos dizer não apenas que a social-democracia se esgotou como modelo de transformação social, mas também que, além disso, encontramos hoje os principais partidos social-democratas ou socialistas reformistas, como o Partido Socialista Francês, o Partido Socialista Operário Espanhol, como agentes ativos da implantação do modelo capitalista neoliberal nos seus países.

Há dois anos, um amigo espanhol comentou algo que o tinha impressionado profundamente, e que me impressionou também, e que acho importante salientar aqui. O ministro da Economia de então, que era ligado ao Partido Socialista Operário Espanhol, tinha vindo não apenas de uma tradição socialista, mas tinha sido próximo a organizações de extrema esquerda até os anos 1970. Esse ministro se sentiu no direito de dar uma entrevista, onde defendia a política econômica seguida pelo seu governo, usando o argumento de que a Espanha é o país da Europa onde se pode enriquecer mais depressa. Assim, um ministro de um governo socialista, originário de uma tradição de esquerda revolucionária, aponta, como prova do sucesso da política econômica, o fato de ela permitir o máximo de sucesso na especulação financeira e na agilidade para fazer negociatas.

Finalmente, para assinalar a gravidade dessa crise deve-se salientar que, diante do desmoronamento daquilo que se chamou de socialismo real, isto é, de socialismo burocrático, ou pseudo-socialismo burocrático, na União Soviética e em outros países, o que está se reforçando não é apenas a alternativa de valorizar a economia de mercado. É uma tendência de liquidar junto com o próprio socialismo burocrático, e suas características antidemocráticas, tudo o que vem da revolução. Vemos a notícia de que, de repente, a bandeira da Rússia czarista volta a ser hasteada, valorizada pela população; que um sacerdote ortodoxo é chamado a celebrar a missa em memória dos que morreram na tentativa de golpe.

SERVIÇO SOCIAL E ÉTICA

Começa-se a falar em tudo o que parecia sepultado, que representava o conservadorismo, o czarismo e a velha Rússia. Tudo o que parecia ter sido sepultado pela Revolução Russa volta ganhando certo espaço e credibilidade.

Não quero dizer, absolutamente, que estamos em uma situação sem perspectivas. Também não acho que haja unanimidade, nem mesmo uma grande maioria, um quase consenso a nível mundial, em torno dessas ideias do neoliberalismo e da valorização máxima do mercado. Continua a haver muita oposição nos vários países a essas ideias (é importante notar que na Europa e nos Estados Unidos, por exemplo, houve uma mobilização bastante grande contra a guerra do Golfo, com manifestações expressivas em vários países da Europa). Tem havido toda uma crítica a vários aspectos do desenvolvimento capitalista, inclusive nos países centrais, para não falar nos do Terceiro Mundo, onde, evidentemente, a oposição a essa nova ordem internacional, ao capitalismo neoliberal, é muito maior. Não há unanimidade nem há consenso.

A novidade negativa que temos agora é que, apesar de continuar havendo oposição a essa situação, bem como propostas de transformação social, de contestação do estado de coisas e de subversão, nada disso aparece com força suficiente para servir de referência alternativa. Temos uma crítica espalhada, dispersa a essa nova ordem mundial capitalista neoliberal, mas não uma alternativa visível com credibilidade, como foram o socialismo reformista ou o socialismo revolucionário. Hoje esses dois projetos não aparecem como alternativas. A alternativa tem que ser recriada.

Uma outra questão que deve ser abordada diz respeito à gravidade das consequências dessa conjuntura internacional que estamos atravessando do ponto de vista da ética e dos valores. Nunca, até então, valores como o individualismo e a desigualdade foram tão enaltecidos. Uma das críticas feitas ao chamado socialismo real é a de que ele era igualitarista, por isso não funcionava. Em primeiro lugar, a crítica é falsa: o socialismo burocrático não era igualitarista. Havia profundas desigualdades, talvez não tão grandes quanto as que existem num país como o Brasil ou as do capitalismo em geral, mas, de qualquer maneira, desigualdades muito significativas. É uma impropriedade factual dizer que na União Soviética, por exemplo, vigorava o igualitarismo. Conhecemos os privilégios que a burocracia tinha.

Aliás, esta foi uma das razões da revolta contra essa ordem de coisas. Um dos motivos que mobilizaram as pessoas na Alemanha Oriental contra o antigo regime foi justamente a descoberta dos privilégios da burocracia e de como vivia o setor dirigente.

Atribuir igualitarismo àquelas sociedades é um erro factual. Mas, além disso, a capacidade de colocar a desigualdade como um valor, e de recusar a igualdade social como um princípio é uma novidade. Claro que isso sempre existiu e faz parte, por exemplo, da tradição liberal-capitalista. Mas hoje tem uma força maior do que antes e atinge, inclusive, setores importantes da esquerda.

Nessa onda atual há alguns valores que são muito enfatizados e que são positivos, como, por exemplo, a liberdade e a democracia. Isso é positivo. Devemos tomar esses valores como ponto de partida para qualquer formulação de um novo projeto de transformação social, de um novo projeto socialista. Mas é preciso observar também que a liberdade e a democracia têm sido colocadas predominantemente de uma forma estreita e limitada, ou seja, associadas ao individualismo e à valorização da desigualdade.

SERVIÇO SOCIAL E ÉTICA

Diante desse quadro, que procurei pincelar de maneira bastante impressionista, inclusive procurando transmitir um pouco do espanto que tenho sentido diante de alguns fatos, é claro que se coloca a necessidade de tentar explicar o que está se passando. Por que chegamos a esta ofensiva dos setores conservadores e capitalistas? Por que há essa situação tão defensiva dos setores socialistas, de todos os que defendem um projeto de transformação social?

A primeira explicação, que é a apresentada pelos próprios ideólogos do neoliberalismo, quanto ao ascenso capitalista, é a de que o neoliberalismo vem se impondo porque vem tendo um grande sucesso, de modo que o funcionamento da economia capitalista tem mostrado sua superioridade.

Essa explicação é totalmente incorreta, pois não é verdade que a economia capitalista esteja passando por uma situação favorável. Pelo contrário. Os países que aplicaram mais as políticas neoliberais têm tido, inclusive, certo recuo histórico. É o caso da Inglaterra, de Margareth Thatcher, que é celebrada como uma das grandes lideranças dessa concepção. Todos os indicadores econômicos apontam o fato de que a Inglaterra, primeiro país imperialista, que liderou o capitalismo desde a época da Revolução Industrial até o fim do século passado, vem perdendo espaço desde então, e isto se acentuou depois da Segunda Guerra Mundial, sobretudo nos últimos anos. A Inglaterra, cada vez mais, é uma potência capitalista de segunda categoria. Não apenas está ultrapassada pelos Estados Unidos, pela Alemanha, pelo Japão, como pela França, Itália e por uma série de outros países europeus, em termos de produtividade do trabalho e de eficiência. E, no entanto, foi o país que aplicou com mais consequência as políticas neoliberais. Mesmo os Estados Unidos, um país que durante o governo Reagan aplicou este modelo neoliberal, apesar de continuar como a economia mais forte do mundo, tem hoje também uma economia em declínio, a qual se endivida de maneira crescente, que vem conseguindo equilibrar suas contas, tanto do ponto de vista orçamentário quanto da balança de pagamentos, apenas a partir de investimentos e empréstimos, empréstimos feitos fundamentalmente pelo Japão, Alemanha e outros países europeus. Também os Estados Unidos têm vivido uma situação de declínio.

Se considerarmos a situação do Terceiro Mundo, a aplicação das políticas neoliberais é ainda mais desastrosa. O país que talvez tenha sido o pioneiro na sua aplicação, e que as tem efetivado com mais força é a Argentina. Desde a ditadura militar, este país começou a aplicar essa política, ainda na gestão do ministro Martinez de Hoz. No entanto, a Argentina tem vivido uma decadência econômica permanente e passou por um processo de desindustrialização. O Chile, que é o último país celebrado como exemplo de sucesso neoliberal, conseguiu um equilíbrio econômico, diminuiu a inflação e iniciou certo crescimento, mas ao preço de ter sofrido um grande retrocesso e de ter liquidado boa parte da indústria. Todo o processo de substituição de importações, de criação de um parque industrial relativamente independente, que tinha sido feito até os períodos dos governos democrata-cristão e da Unidade Popular foi posto abaixo. O Chile encontrou um novo equilíbrio com políticas neoliberais, é verdade, mas é um equilíbrio numa situação econômica que é bastante inferior à que tinha antes, no tocante à renda nacional, gastos sociais, igualdade social e, principalmente, quanto à independência econômica, pois o país hoje é muito mais dependente e teve que se transformar de novo num exportador de produtos primários. E mesmo o Chile fugiu do figurino neoliberal num ponto muito importante: manteve o cobre estatizado.

Então, a razão dessa situação que estamos vivendo não se deve a nenhum grande sucesso do neoliberalismo e do capitalismo. Ao contrário, as contradições do capitalismo têm aumentado, nunca houve tanta fome no Terceiro Mundo como hoje. A razão básica dessa situação que estamos vivendo é o duplo fracasso que foi já apontado por José Paulo Netto, e que vou salientar um pouco mais para destacar um outro ângulo.

O problema é que, ao contrário dos anos 1960 e mesmo dos anos 1970, quando havia projetos alternativos ao capitalismo em curso, quando havia perspectivas de avanço em direção à transformação social socialista, estamos vivenciando uma situação onde todas as alternativas de transformação social aparentemente fracassaram. Isto pesa mais do que as dificuldades que também o capitalismo vive.

É verdade que vários dos caminhos de transformação social fracassaram mesmo. Fala-se muito no fracasso do socialismo real, e estou totalmente de acordo que, da maneira como se desenvolveu na Europa do Leste, fracassou mesmo e não vai voltar a se reerguer.

É importante ressaltar que fracassou também a tentativa de transformação reformista social-democrata. Até o início dos anos 1980, havia expectativas nessa direção. Um dos partidos socialistas reformistas mais importantes, o Partido Socialista Francês, chegou ao governo da França, em 1981, como representante de uma esperança de transformação social, associado a um programa comum das esquerdas, em especial o Partido Comunista Francês. O programa comum era reformista, mas buscava, pela via de transformações graduais, ir criando uma economia socialista, ou seja, iniciar um programa de socialização da economia. Não era uma proposta de adaptação ao capitalismo, era uma plataforma reformista que tentava uma mudança real. Tentou-se aplicá-lo durante um curto período, mas logo os dirigentes do Partido Socialista Francês se convenceram de que não era possível. Foram recuando e terminaram aderindo completamente às políticas neoliberais, tornando-se agentes ativos dessa política.

Algo semelhante aconteceu na Espanha. Depois de toda a luta contra a ditadura franquista, havia uma grande esperança de transformação social e um movimento social muito forte: o movimento sindical, em particular as *comisiones obreras*, desempenhava papel significativo. Houve várias greves gerais no período final do franquismo, ou seja, havia uma grande expectativa de transformação, que foi canalizada, fundamentalmente, para o Partido Socialista Operário Espanhol. Este, no entanto, logo que chegou ao governo, mudou completamente o seu programa. Por exemplo, um dos temas que defendia era a saída da OTAN — a aliança militar imperialista. Depois passou a aplicar uma política contrária. Assim, nos países capitalistas centrais, a alternativa socialista que existia com força, cuja prática socialista era reformista e social-democrata, foi completamente abandonada pelos próprios social-democratas que se somaram aos neoliberais, diante da dificuldade em implementar suas políticas. Restou apenas um grande vazio político.

Diante da ausência de modelos alternativos de transformação é que o capitalismo, mesmo com todos os problemas, tem sido capaz de aparecer com certo dinamismo. Porque tem revelado, principalmente, dinamismo do ponto de vista do progresso técnico. Contudo, não tem sido dinâmico no sentido de resolver os problemas econômicos, a desigualdade e a fome no Terceiro Mundo. Pelo contrário, tem criado novos problemas. Mas tem sido dinâmico em termos de inovações técnicas. Isso tem dado certa base material e prática para toda essa ideologia do "sucesso capitalista".

Há aspectos importantes a assinalar na crise do chamado socialismo real. Em primeiro lugar, acho necessário recuperar a ideia de que o chamado socialismo real, o modelo de sociedade existente na União Soviética e no Leste Europeu, não foi um "filho direto" da Revolução Russa de 1917. Está claro que havia uma aspiração libertária socialista, igualitária, de participação popular, operária, na Revolução Russa, que foi estancada e terminou sendo substituída por um sistema extremamente burocrático. Esse sistema, conhecido também como stalinismo, foi capaz, durante várias décadas, de propiciar um grande desenvolvimento econômico à União Soviética. E depois, quando após a Segunda Guerra foi implantado nos países do Leste Europeu, durante certo período também foi capaz de viabilizar um crescimento econômico importante, principalmente dos anos 1950 até o início dos anos 1960. Isso teve uma consequência relevante, que foi o fato de que, apesar de todo o fechamento político, de toda a repressão, de todo o totalitarismo existente, esses regimes puderam oferecer alguma perspectiva de mudança e de progresso para as populações de seus países. O que tornou possível conseguir, se não o apoio da população, o que seria exagerado dizer, pelo menos certa neutralidade. A oposição a esses regimes, durante muito tempo, foi minoritária.

Tal situação mudou, não em decorrência do aumento da repressão e o fechamento político. Pelo contrário. Isso em geral até reduziu-se um pouco nos últimos anos. Essa situação mudou justamente porque, a partir de certo ponto, o modelo de planejamento altamente centralizado e burocrático deixou de ser capaz de oferecer perspectivas de progresso econômico. Então, desde os anos 1970 instalou-se um quadro geral de estagnação nesses países, que fez com que as conquistas sociais na área de saúde, transporte, educação — a grande exceção era a habitação —, começassem, inclusive, a se degradar. Assim, somaram-se duas coisas para provocar insatisfação popular. Embora um pouco abrandada, a situação de fechamento político, repressão e falta de democracia continuava. E somou-se a ela a inversão do ponto de vista econômico. No lugar de haver perspectiva de crescimento e progresso, passou a haver uma perspectiva de estagnação ou de declínio lento. É justamente essa situação que vai tornar maior a oposição, que vai obrigar o desencadeamento do processo de reformas.

A tentativa de Gorbachev, na União Soviética, foi a de salvar o regime com uma agenda de reformas. Havia um projeto de renovação, dentro da ordem socialista burocrática, que fracassou. Esse projeto não se viabilizou.

Uma desvantagem grande do chamado socialismo real frente ao capitalismo, numa questão que é decisiva, é a capacidade de este último ter dinamismo tecnológico, e, portanto, tornar possível o crescimento da produtividade do trabalho. Esse é que é o ponto decisivo, que explica por que, apesar de todos os problemas do capitalismo, ele tem sido capaz de estar na ofensiva.

A crise no chamado "campo socialista" é fundamentalmente a crise de um modelo e de determinada vertente do pensamento socialista. Trata-se da crise de uma vertente, que, pelo peso que teve e que tinha até recentemente, pela influência na esquerda em geral, repercute em toda essa tradição e em todos os setores que defendiam um projeto de transformação social, ainda que não tivessem caráter explicitamente socialista.

O até então chamado "campo socialista" tinha um peso muito grande, inclusive por uma razão prática. Várias lutas de libertação em países do Terceiro Mundo, por exemplo, que não eram socialistas, porém muito mais nacionalistas, formulavam suas estratégias confiando que teriam, em determinado momento, o apoio da União Soviética como retaguarda. Isso acabou.

Então, é evidente que essa crise do "socialismo soviético" tem uma repercussão muito além da sua própria vertente e modelo. Atinge toda a esquerda e desgasta — num paradoxo trágico — aqueles setores socialistas e marxistas que sempre tinham criticado o socialismo real.

Finalmente, é importante salientar as perspectivas dos projetos de transformação social, mais especificamente as do socialismo no quadro atual.

Inicialmente, concordando com José Paulo Netto, preciso acentuar que todo esse quadro defensivo e ruim é um quadro muito conjuntural. Esta situação não tem nada de estrutural. Todo o apoio que as soluções capitalistas, como a de investimento na economia de mercado, estavam tendo na Europa do Leste já começa a diminuir por uma razão muito simples: as pessoas estavam querendo o capitalismo porque entendiam que significava liberdade em geral — liberdade de mercado, de produção e liberdade no sentido de comprar os produtos que quisessem. Este talvez tenha sido o aspecto do capitalismo que mais impressionou as populações da Europa do Leste, que, muitas vezes, tinham poder aquisitivo (o nível de vida era até razoável, pois possuíam dinheiro e serviços sociais), mas não tinham a chance de comprar uma série de produtos de consumo. Então, o capitalismo, e em especial os shopping centers, exercia grande atração. O capitalismo, pensava-se, é isto: a possibilidade de comprar o que se quiser. Imaginava-se que a "liberdade de mercado" era simples: tenho dinheiro, vou e compro. Algo positivo, evidentemente. Agora estão descobrindo que o capitalismo é mais complicado, que ele significa, por exemplo, desemprego.

Assim, toda a transição para a economia de mercado na Europa do Leste tem provocado esse resultado, que já começa a minar o apoio existente quanto às soluções capitalistas. O próprio sindicato Solidariedade, da Polônia, se colocou várias vezes em oposição ao seu antigo presidente, Lech Walesa. E esse processo se desenvolve com maior ou menor rapidez nos outros países da região.

Parece-me que uma consequência positiva dessas novas reviravoltas na União Soviética é o fato de que com o desmoronamento (dificilmente reversível) do setor burocrático, que ainda tentava manter resquícios do antigo regime, que tentou dar o fracassado golpe, vai ficar muito mais clara a opção entre os modelos de mercado capitalista propostos a partir de Yeltsin, Gorbachev e outros, e a defesa do emprego e das condições de vida, articulada por alguns setores organizados. Vai desaparecer uma cortina que dificultava o entendimento do que realmente existia na tentativa de restauração do capitalismo na União Soviética. O argumento massivamente defendido apontava que a crise econômica não era resultado da implantação de formas de mercado capitalista, mas da resistência dos antigos burocratas. Penso que, também na União Soviética, esse apelo do mercado capitalista deve diminuir.

Estou, portanto, de acordo de que essa crise grave que estamos vivendo é bastante conjuntural, e já mostra sinais de reversão justamente onde ela foi mais forte: na Europa do

Leste. Por outro lado, para sairmos de fato dessa crise, e com o reforço dos projetos socialistas de transformação social, temos que construir um modelo de socialismo que tenha credibilidade ampla a nível internacional e que possa se apresentar como essencialmente diferente das experiências já existentes, mostrando, também, capacidade de convencer as pessoas de que pode dar certo.

Podemos levantar algumas ideias neste sentido. A primeira é que temos que rejeitar e provar que não é verdadeiro o dilema colocado: de um lado, um planejamento ultracentralizado e burocrático; de outro, a economia dirigida pelo mercado. Temos que mostrar que essas não são as alternativas, pois se nos ativermos a elas, não vamos ter saída. Inclusive a alternativa de dizer: não, vamos ter economia de mercado socialista, é totalmente inconsistente. Aliás, um dos problemas da experiência de Gorbachev foi justamente tentar implementar isso. É um modelo inviável, por uma série de razões teóricas que se comprovaram na prática. Aliás, uma experiência de "socialismo de mercado" já tinha sido tentada antes na Iugoslávia e havia fracassado. Temos que sair disso. Não podemos ter, de um lado, um modelo de estatismo e planejamento burocrático ultracentralizado e, de outro, a economia dirigida pelo mercado. Temos que mostrar que há uma outra via de desenvolvimento da sociedade: um socialismo que não corresponde a nenhuma dessas formas.

Dada a necessidade de formular esse novo modelo, temos que fazer uma crítica a algumas concepções extremamente difundidas na esquerda em geral e, em particular, na vertente impropriamente chamada de "marxismo-leninismo", pois não era diretamente herdeira de Marx, nem de Lênin. Mas foi a concepção que prevaleceu na União Soviética e daí se generalizou.

Havia duas ideias nessa concepção que influenciaram muitos setores da esquerda, e devem ser rejeitadas de maneira firme, no sentido de se criar um novo projeto socialista. Uma é a relativização da concepção de democracia. Não sou dos que acham que há um componente autoritário no marxismo, nem no socialismo em geral e nem, especificamente, no leninismo. Mas é verdade, que pelo menos desde o início da Revolução Russa, nas próprias formulações desenvolvidas por Lênin, houve uma ênfase insuficiente na questão da democracia, em particular, em certos aspectos necessários ao funcionamento democrático de um processo político, como, por exemplo, a valorização do pluralismo partidário. Não acredito que tenha havido uma teorização, na época inicial da revolução, de um sistema de partido único. Isso foi algo posterior. Mas o fato é que não houve um desenvolvimento do tema pluralismo, ligado a uma valorização mais firme da questão da democracia. Havia uma tendência a pensar a democracia, ligada à ideia de classes, isto é, como democracia burguesa ou como socialista. Isso é necessário, mas a partir dessa caracterização o tema das regras da democracia era colocado como secundário. E, naturalmente, este tema foi pessimamente tratado depois, no período stalinista, quando se instaurou de fato um sistema totalitário e antidemocrático. Temos que recusar isto e tomar a questão da democracia como um ponto central de qualquer projeto que venhamos a construir. Esse valor é, talvez, o primeiro e o básico de todos aqueles que temos que defender.

Outra questão é a do estatismo, associada ao desenvolvimento da burocracia e do planejamento ultracentralizado. Embora a concepção de socialismo de Marx fosse a rigor antiestatista, o que terminou passando para a maior parte da esquerda, a partir da experiência da Revolução Russa, foi uma visão estatizante e ultraestatizante do socialismo.

Então, temos que construir um modelo que valorize a questão da democracia, que procure mostrar que o Estado deve ser um aparelho reduzido e transitório, num período de transição para o socialismo. Temos que mostrar que é possível um processo cujo centro seja o reforço da democracia, entendida como a capacidade de controle real da população e da sociedade organizada, sobre suas condições de produção e de vida. A democracia precisa ser entendida nesse sentido mais amplo e mais concreto. A partir daí, então, pode existir um modelo de socialismo que signifique uma progressiva absorção do Estado pela sociedade, e também uma progressiva absorção do mercado. Isso passará por formas descentralizadas de planejamento social que valorizem ao máximo a autogestão.

Mostrar que é possível construir um modelo de socialismo a partir da democracia como eixo pode ser fértil, entendendo democracia como controle progressivo sobre as condições de trabalho, de produção e de vida por parte da população organizada. Isso se opõe tanto à perspectiva estatista, porque ela é um controle de cima para baixo, quanto à perspectiva de direção pelo mercado, porque esta é a direção por um poder impessoal, objetivo, que se impõe sobre as pessoas, rejeitando a sua capacidade de decisão.

A partir desse tipo de concepção, podemos retomar uma série de valores fundamentais para qualquer projeto de transformação social, em particular os valores de solidariedade, igualdade, fraternidade, os quais sempre estiveram presentes em qualquer processo generoso de transformação social.

PARTE II

A ÉTICA E AS PROFISSÕES

1

O ESPAÇO DA ÉTICA NA RELAÇÃO INDIVÍDUO E SOCIEDADE

*Mario Sérgio Cortella**

Há uma suposição, quando se coloca o tema do espaço da ética nas relações de vida e sociedade, que é a da existência desse espaço. Não se perguntaria sobre ele se ele não existisse de fato. Evidentemente, sempre houve e vem havendo por conta de a própria impossibilidade da relação humana dar-se sem a existência da ética. O que temos que qualificar é o tipo de ética de que estamos falando, porque ela, enquanto tal, é atinente às relações sociais humanas. Ninguém perguntaria sobre esse espaço na relação indivíduo/sociedade se existisse apenas indivíduo, pelo óbvio de que só se trabalha com a regulação ou determinado direcionamento das relações sociais se houver, obviamente, as relações sociais. Então, a "ética"

---

* Mestre em Filosofia da Educação; secretário da Educação do Município de São Paulo na gestão da prefeita Luiza Erundina de Souza; professor da PUC-SP.

existe porque nós, humanos, somos agregados, e porque só conseguimos existir em sociedade.

A questão central, então, não é a de saber qual o espaço que ela ocupa na relação indivíduo/sociedade, mas, principalmente, como esse espaço vem se alterando na sua composição e também em sua direção, sob o ponto de vista histórico e social. Em outras palavras, a ideia que vou desenvolver é a de que esse espaço só faz sentido se vinculado ao momento histórico, à cultura e à sociedade na qual subsiste. Daí o caráter relativo que a caracteriza.

ÉTICA E CIRCUNSTÂNCIA

Vamos partir de um exemplo objetivo. A população da cidade de São Paulo presenciou, recentemente, um episódio inédito: dois seres humanos pararam a vida de três milhões de pessoas, durante seis horas. Ora, São Paulo é, hoje, a quarta concentração populacional do planeta, com doze milhões de habitantes. Pois bem, dois indivíduos, ao entrarem numa relação ética, portanto, numa relação social na qual cada um adotou um padrão de comportamento, interromperam a vida de quase três milhões de pessoas que não puderam se deslocar. Além, é claro, do efeito que isso produziu na vida de outros que ficaram impedidos de dar andamento à rotina de seus afazeres cotidianos, na cidade. Que ética permeou essa relação? Existiu um espaço para sua manifestação? Dois param três milhões. Foi em nome de uma ética que a cidade parou, porque no momento em que um policial, delegado federal, deu voz de prisão a um motorista de ônibus da CMTC, coletivos que transitavam na região pararam e seus motoristas se mostraram solidários ao companheiro de trabalho. Estava em jogo a defesa de um determinado princípio, que era o da não aceitação do abuso de autoridade. Quatrocentos motoristas de ônibus pararam e, com eles, mais três milhões de pessoas.

Nesse episódio aflorou uma ética: por um lado, um delegado da polícia federal, ferido em sua autoridade, sentiu-se desacatado e, em nome da ética profissional, sacou de sua arma e deu voz de prisão ao motorista. De outro, o motorista, também em nome da ética, que ali, no caso, era a da sobrevivência, calou-se e foi preso. Os companheiros, em defesa de um trabalhador que, segundo eles, estava preso, e isso ameaçava a ética da corporação, pararam a cidade. Ao mesmo tempo, os colegas do delegado da polícia federal saíram em seu apoio. Em determinado momento, na maior cidade da América do Sul, todo mundo discutia ética e sua razão: é lícito parar-se uma cidade? Deve-se defender um companheiro? Um delegado pode agir arbitrariamente? O que esse episódio revela? Que a ética não é só relativa à história, à sociedade e à cultura, mas também às camadas sociais e às diferentes profissões.

Podemos ainda tomar outro exemplo concreto. A sociedade não aceita que se mate uma pessoa, a menos que seja dentro da lei. A lei também é uma forma de fixar a ética. Pois bem, qual a reação da sociedade diante de uma pessoa que mata alguém com um tiro e outra que o faz por atropelamento? No primeiro caso, o indivíduo sofre as sanções e vai preso; no segundo, praticamente nada acontece. A sociedade não tem a menor reação, a não ser topicamente em relação ao atropelamento; já em relação ao tiro, sim.

A sociedade até admite que se mate alguém; o infrator, evidentemente, será julgado e punido. O que ela não aceita é o requinte de crueldade: o esquartejamento, por exemplo.

Está em moda, agora, no cinema, na TV, nos jornais, o *serial killer*. Apareceu um nos Estados Unidos, outro na União Soviética. O que é ofensivo na ética? Não é o assassinato, é o esquartejamento. Talvez não seja nem o esquartejamento, que deve ter seus motivos, mas é o fato de se comer as pessoas mortas. Canibal, não, isso é muito! Há uma ironia que perpassa essa ação: matar, esquartejar, serrar, é aceitável, mas comer já é demais. Afinal de contas, jamais alguém se alimentaria de um cadáver humano. Ainda que nos alimentemos quase que só de cadáveres, não gostamos da palavra. Se possível, nos afastamos dela. A palavra cadáver já é uma sigla. A expressão latina *carne data vermes* se simplifica na palavra cadáver e reduz a carga semântica da destinação do corpo. Temos horror a essa palavra. No entanto, ela habita nosso cotidiano. Abre-se o *freezer* e ele está cheio de cadáveres (de frango, de peixe etc.). Vai-se à feira e encontram-se bancas de cadáveres. Somos animais que se alimentam, como poucos, de cadáveres. Mas a palavra não é satisfatória. Preferimos dizer apenas carne.

Por que trazer esses exemplos que poderiam parecer estranhos a uma conversa sobre éticas? Porque elas diferenciam-se bastante, dependendo das condições e necessidades de existência, bem como se diferenciam nas camadas sociais e estão imediatamente atreladas à forma de sobreviver. Isto parece óbvio, mas permite uma reflexão séria.

Trabalhamos na área universitária, nas profissões de nível superior. Temos, evidentemente, projetos políticos e quase sempre desejamos implantar a nossa ética nas relações. E por desejar implantá-la, acabamos, muitas vezes, correndo o risco de, mais do que oferecer ao outro uma reflexão sobre a ética que ele tem, emprestar a que é nossa, que serve para a nossa camada social, mas que é estranha a outros grupos.

Isto pode ocorrer principalmente quando trabalhamos com a camada popular da sociedade. E aí o trabalho deixa de ser de serviço social, no seu sentido mais contemporâneo, e passa a ser de doutrinação religiosa, muito semelhante às formas clássicas de religiosidade, cujo objetivo central é converter as pessoas. Quase como se pudéssemos pôr as mãos sobre elas e dizer: você precisa, você deve, você vai, porque assim você estará salvo social, politicamente, sem perceber, antes de mais nada, qual é a ética que molda aquelas relações.

ÉTICA E CONFRONTO DE CULTURAS

Senão vejamos: um dos grandes problemas que os europeus encontraram, na colonização da área em que viviam os esquimós, foi o da cristianização. Precisavam repassar a eles a ética cristã, considerada correta do ponto de vista europeu. Pregaram, então, as escrituras cristãs, que partem de um princípio: os bons vão para o céu e os maus para o inferno. Evidentemente, essa frase não basta, pois nenhuma religião se sustenta sem um pouco de pavor. Nesse sentido, era necessário dizer que os bons vão para o céu, que é agradável, gostoso; e os maus vão para o inferno, um lugar com fogo e calor insuportável. Pois bem, em pouco menos de cinco meses obtiveram adesão maciça dos esquimós ao inferno. E por quê? Porque o pregador não atentou para o fato de que as formas de sustentação das éticas estão condicionadas ao meio existencial das pessoas. É mais ou menos óbvio que o inferno tenha sido caracterizado como um lugar insuportável, quente, cheio de fogo, na teologia judaica, aceita por um povo que vivia no deserto, região extremamente quente. Portanto, a sua ética também era balizada por uma condição na qual o castigo seria viver eternamente em um lugar daquele jeito. Para o esquimó, era o inverso. Anunciar a ele um lugar com calor e fogo eterno era anunciar o paraíso. É nessa medida que é necessário, como foi, inverter o argumento. Outro exemplo elucidativo refere-se também à cultura esquimó.

Na hora das refeições, a família obedece a uma ordem. Primeiro se alimenta o pai, e o faz até fartar-se; em seguida, a mãe, de modo semelhante e, só depois, os filhos, ainda seguindo uma hierarquia. Para os europeus, isso era absurdo e desumano, mas, entre os esquimós, não só se justificava como era uma necessidade de sobrevivência da própria espécie. O pai tem função de caçador e, num meio hostil e adverso sob todos os aspectos, necessita de força e para isso precisa estar bem alimentado. A mãe amamenta os filhos com seu leite, imprescindível à garantia de vida da criança. De modo que, o alimento farto é fonte de energia para aqueles que são os responsáveis pela vida na família. O europeu colonizador, segundo sua ética, inverteu esse procedimento, e a consequência foi desastrosa: em pouco tempo destruiu quase toda a comunidade da área.

Seria preferível, como era de fato, nessa sociedade, adotar a ética esquimó, e não a europeia. Porque esta última é capaz de lidar com a sobrevivência daquela sociedade, não de uma outra. Fica, então, claro que a ética permeia muito a estrutura social.

ÉTICA E EDUCAÇÃO DA CRIANÇA

Utilizei-me de exemplos de outros povos só para fazer o contraponto. Entre nós, no Brasil, as situações são semelhantes. Os índios Pareci, por exemplo, no Mato Grosso, têm uma forma de educação que poderíamos chamar de espontânea. Tive a oportunidade de estar entre eles e observar uma índia Pareci fazendo um vasinho de barro. Sempre que o vasinho ficava pronto, uma criança de quatro ou cinco anos, que estava ao lado dela, vinha e o quebrava. A construção se refazia e o gesto da criança se repetia: construir e quebrar. Eu já estava ansioso para ver qual o processo pedagógico que seria adotado ali, pois o nosso era mais prático. Ela fez quatro vasos e a criança os quebrou. Não aguentando, indaguei se ela não ia tomar nenhuma atitude. "Não", disse, "em algum momento ela parará de quebrar". E foi o que ocorreu. Terminado o quinto vasinho, a criança não o quebrou. A isso chamaríamos de ética pedagógica espontânea, aquela que ocorre pela vivência.

Nós, ocidentais, trabalhamos com uma educação intencional, deliberada, e não espontânea. As pessoas não aprendem apenas vivendo; nós as cercamos em locais para que elas possam aprender os códigos, os conhecimentos e os valores, evidentemente a moral e a ética da sociedade. E elas aprendem desde pequenas, e esse aprendizado às vezes passa despercebido por aqueles que com elas convivem.

Lembro-me de meu processo de alfabetização. Aprendi a ler numa cartilha chamada *Caminho suave*. Nela, aparecia a representação da família: o pai, sentado numa poltrona, lendo um jornal; atrás a mãe, em pé, com um avental, uma bandeja, servindo um cafezinho. Num canto, uma menina brincando com uma boneca e no outro, um menino com um carrinho. Inocente. Dir-se-ia que a autora escreveu essa cartilha com a intenção de reproduzir a divisão da estrutura de classes e a divisão sexual do trabalho na sociedade capitalista? Não. Ela elaborou uma proposta de educação refletindo a ética de seu momento histórico e que tem aplicabilidade porque, nesses anos todos, se mantém nessas relações. Mas pode-se dizer que hoje não fazemos isso, o papel da mulher de um lado e o do homem de outro, não é? Observem o desenho a que as crianças assistem na televisão, o *He-Man* e *She-Ra*. O He-Man é uma redundância, pois significa Ele-Homem. She-ra é Ela-Grito. É a compreensão de como é o modo de comportamento do homem e da mulher. Quando ele quer ficar forte, diz: "pelos poderes de". E ela, quando quer se transformar, diz: "pela honra de". São noções diferentes. Homens lidam com poder, força, e mulheres lidam com honra.

Por que estou dando esses exemplos pequenos? Porque eles fazem parte do nosso dia a dia. Esse é um espaço da ética na relação indivíduo/sociedade, que se vê na tevê, na publicidade etc. Mas alguém pode dizer que hoje não se educam mais as crianças na escola dessa maneira, não se transmite a elas uma ética dessa forma, pois é ultrapassada. Transmite-se, sim. Quando uma criança de três, quatro ou cinco anos se dirige aos pais e diz: "eu não quero dormir sozinha, sou muito pequena, quero dormir com a luz acesa", a resposta é: "você não pode, você tem que ser homem, tem que ter coragem". E aí a criança não compreende por que ela, com quatro ou cinco anos, deve dormir num quarto sozinha, com a luz apagada e os pais podem dormir juntos, na cama e no quarto e, eventualmente, com a luz acesa. O que é uma forma de ocupar o espaço da ética das relações e, evidentemente, criar também o universo do proibido. Ora, avanço mais nessa direção. Pode-se dizer: isso acontece só em casa. Talvez na escola seja diferente. Não é. A criança, em muitas instituições de ensino, é submetida a algumas exigências como a da formação de fila: meninos de um lado, meninas de outro. Para quê? Qual é a função da fila? Unicamente organizar. Nunca mais esse tipo de fila vai se repetir na vida: homens de um lado, mulheres do outro. A não ser, e não por coincidência, em hospícios ou penitenciárias. No entanto, o equipamento de educação, seja numa creche ou numa escola, organiza fila dessa forma. Não se chega a um banco e se encontram filas diferentes para homens e mulheres. Não há fila por altura. É, portanto, um modo de comportamento, que se dá na relação indivíduo/sociedade, na qual a sociedade, entendida em seu sentido mais amplo, e, portanto, mais abstrato, cria padrões de relação.

ÉTICA, UM CONCEITO QUE SE TRANSFORMA

O que temos que fazer como pensadores da área social e como praticantes dessa mesma área é refletir sobre qual é a ética que informa, no sentido de dar forma a determinados grupos sociais, para podermos atuar com eles, porque, do contrário, lhes levamos a nossa ética, sem considerar a que eles têm, e implantamos um modelo que pode se configurar, em determinada circunstância, como autoritário. Principalmente porque as relações possíveis são aquelas produzidas historicamente. Então, em 1947, no Código de Ética Profissional dos Assistentes Sociais, se dizia: moral ou ética pode ser considerada como a ciência dos princípios e das normas que se devem seguir para fazer o bem e evitar o mal. Bom, conceito de bem e mal também só tem sentido em relação a alguma coisa. Vocês vão observando, depois, que há um em 1947, outro em 1965, também em 1975 e, agora, em 1986, o mais recente, pelo menos o que está registrado aqui. As ideias, a moral e as práticas em uma sociedade se modificam no decorrer de um processo histórico, de acordo com a forma em que a sociedade se organiza para produzir, criar seu governo, suas instituições e sua própria moral. Então, não é só bem e mal. Bem e mal são conceitos estáticos, eternos. E essa ética só pode ser bem recebida se atenta para os padrões da pessoa com que se está lidando.

Quase sempre a ética que não aceitamos é a do outro. Afinal, o outro é o outro e, como tal, não se comporta dentro da desejabilidade de uma circunstância de relação. O outro não ocidental, o outro não padrão dentro da sociedade, o outro que é o diferente, pode ser objeto de uma ética que caminha em duas direções. A primeira delas é a que alguns adotam, do esforço de romper com a injustiça, a miséria, a desgraça. Nem sempre apoiada num projeto político de organização conjunta da sociedade, mas, muitas vezes, na pena, na caridade e na compreensão não politizada da situação. A outra é a ética marcada por projeto coletivo.

ASSISTENCIALISMO OU PROMOÇÃO SOCIAL

O assistente social deve negar, com sua prática, o errôneo conceito, presente em situações jocosas, de se considerar a profissional como "a moça boazinha, que fala baixinho e que o governo paga para ter dó da gente". Quantos anos o Serviço Social foi entendido dentro da perspectiva de um trabalho filantrópico ou de caridade? Não por acaso, a profissão da Margarida, do Pato Donald, no mais das vezes caminhava nessa direção, de fazer chá de caridade, reuniões de benemerência, de ajudar as pessoas. Auxiliar os outros e não ter uma profissão. No caso da Margarida era compreensível, porque dentro da história, por ser uma pata venal e fútil, ela só poderia se dedicar a essas situações. Não era assistente social,

SERVIÇO SOCIAL E ÉTICA

tinha outra profissão. Ela era namorada do Donald e do Gastão. Ali, naquele espaço, no espaço de uma relação de filantropia, de caridade, existe uma ética, que, para nós, é um fio de navalha a separar, porque a distância entre a caridade e o projeto de amorosidade em relação ao ser humano é muito pequena. É necessário distinguir, como profissionais sociais, qual é o limite entre fazer o bem aos outros e ter um projeto de organização da vida social. No meu entender, ao discutirmos a ética, estaremos debatendo também essa questão, que é a do limite entre o projeto político social, que tem o profissional do serviço social, e aquilo que se remete apenas a uma ideia romântica de fazer bem às pessoas. Claro, é possível coincidir as duas coisas, mas é preciso saber a diferença antes de coincidir, porque, do contrário, corre-se o risco de uma má formação profissional.

Tenho experiência na formação de pedagogos, uma área do conhecimento, de presença feminina significativa. No primeiro dia de aula eu costumo perguntar às alunas por que querem fazer Pedagogia? E aí, quase sempre vem a resposta "porque eu gosto de criança". A resposta é verdadeira, mas é parcial. Para ser educador, é bom gostar de criança, mas não é obrigatório. É uma explicação um pouco frágil. Seria o equivalente a perguntar para um cientista social ou a um sociólogo por que ele vai fazer Ciências Sociais? "Porque gosto de gente", responderia. É um pouco vago. Gostar de trabalhar com gente pode levar a outras profissões, como cobrador de ônibus, garçom etc.

A pergunta que vem na sequência diante de um gostar de criança é: de qual criança? A ideal? Aquela que toma banho todo dia, que se alimenta, que não tem quase nenhum problema estrutural, que tem cadernos etc.? Ou a outra, que, aliás, é a maioria em nosso país, que não pode tomar banho todo dia, tem uma família com um mínimo de estrutura, não tem condições materiais, tem piolho, e, claro, não se identifica com nossa sobrinha? Isto é real para nós. Ficamos, muitas vezes, na dimensão idealizada do próprio trabalho.

A ética da nossa atividade, nessa relação entre indivíduo e sociedade, filia-se à compreensão do projeto coletivo. Mas um projeto coletivo tem de contar as dimensões microssociais da organização da sociedade, porque, do contrário, trabalharemos na instância do ideal.

É polêmica a afirmação de que a minha liberdade termina onde começa a do outro. Esta é uma ideia absolutamente contrária a de um projeto político social transformador, pois é individualista. Do ponto de vista objetivo, para quem tem projeto político social, a minha liberdade acaba quando acaba a do outro. Se algum homem não é livre, nenhum homem é livre. A liberdade não é um problema individual, como a ética também não. E ela não o é porque tem como ponto central a ideia de que, enquanto um grupo humano, estamos amarrados por laços de afetividade. A humanidade só será livre se todos os homens o forem. Daí que o projeto visando ao crescimento de outros humanos deva consubstanciar-se, necessariamente, na compreensão clara de um projeto social e político. Não basta querer uma sociedade justa e igualitária, pois isso ainda é vago. É necessário ter claro quais são as ações tópicas, estratégicas, que se devem ter para avançar nessa direção, porque, do contrário, cai-se na perspectiva de uma ética inspirada em Cristóvão Colombo, que, quando partiu, não sabia onde ia chegar, e quando chegou, não sabia onde estava.

Muitos têm a atividade social nessa dimensão, partem sem ter clareza de onde chegarão, e, quando chegam não sabem onde estão.

Lembro o pensamento de Paulo Freire, "se você não fizer hoje o que hoje pode ser feito, dificilmente fará amanhã o que hoje não pode fazer, ou deixou de fazer, pois as condições se alteram". Não estou falando da teoria e da ética da acomodação. Fazer o que se pode é atuar efetivamente, e com clareza, no espaço da relação humana, que é o da ética entendida como a existência dos direitos, a existência efetiva da regulamentação da vida social, a participação plena das pessoas, sem sonhar com uma sociedade idealizada. Afinal de contas, sabemos que não dá para se suspender a realidade por três anos até que tudo esteja arrumado.

Alguns anos atrás eu afirmava que o grande objetivo de um assistente social sério, que tem um projeto político e social transformador e libertador, seria lutar para haver uma sociedade na qual não existisse o assistente social. Seria uma sociedade de tal forma organizada e justa que a necessidade do Serviço Social desapareceria. A questão é que hoje vão se colocando novas tarefas para o Serviço Social, as quais aparecem como uma condição necessária para a organização da existência coletiva. Não mais a perspectiva assistencialista, mas, sim, a que se mostra crítica sem ser sectária, e que não impeça o debate, inclusive teórico. E hoje, a questão se reorienta na perspectiva de aclarar conceitualmente qual é o espaço no qual o assistente social atua. E aí, o espaço da ética na relação indivíduo/sociedade dever ser um tema fundamental para nós que atuamos juntos a essas populações, compreendendo que esse espaço se transforma, se reelabora, se reinventa no dia a dia e que ele não é idêntico para o conjunto dos componentes de uma mesma sociedade. Estou dizendo o óbvio, talvez, mas o que estou solicitando é que se leve isso em conta na organização das ações e na discussão do caráter do projeto que norteia a atividade profissional e fundamenta a prática político-trabalhadora do assistente social. Isso porque a ética nasce muito do costume, vem do hábito, e aí, os riscos.

Gloso, aqui o dito popular: "Passarinho que anda muito com morcego acaba dormindo de cabeça para baixo". É esse o risco.

2

A ÉTICA DAS PROFISSÕES

Carlos Simões*

O que pretendo expor aqui foi publicado na revista *Serviço Social & Sociedade*, em seu número 32, no artigo chamado "O drama do cotidiano e a teia da história".

Meu objetivo é tentar polemizar a questão do movimento que vai da moral à ética. Mostrar que uma é expressão da outra, mas são duas coisas distintas, e que a ética já é uma resposta consciente do grupo profissional, relativamente à moral profissional, à moral do trabalho. E que pode ter uma função extremamente importante. É mostrar os seus fundamentos materiais e espirituais, seus limites e a sua natureza, ou seja, é uma grande pretensão a minha.

---

* Doutor em Ciências Sociais; professor de Direito da PUC-SP.

Há uma questão que se coloca na conduta profissional das pessoas, do ponto de vista profissional mesmo. Queiramos ou não, há uma questão, nas sociedades capitalistas e socialistas, que é o trabalho, seja ele qual for. Um agir direcionado a algum ponto. Isto não é espontâneo. Gostaria de expô-la da seguinte forma: nas sociedades pré-capitalistas, as relações de trabalho, dentro do ciclo econômico, eram complexas, mas eram, eu diria, comunitárias, no sentido de que não se distinguiam, ou não estavam separadas em seus diversos elementos. Quero dizer o seguinte: por exemplo, a relação de trabalho de um camponês era econômica, mas era simultaneamente religiosa e moral (o próprio ciclo econômico pressupunha nexos morais sem os quais não funcionava). Se um camponês não cumprisse a palavra de honra, que é um valor moral, furava o ciclo. Se um trabalhador falhasse no trabalho, esta falha não era apenas uma "justa causa", como é hoje, ou restrita a uma questão legal-trabalhista. Era simultaneamente "pecado", um ato imoral, e assim por diante. Ou, como dizia Engels, era o mundo da teologia imbricado com o mundo do trabalho. Não havia distinção.

O mais importante, aqui, é entender que a relação de trabalho de um camponês era, simultaneamente, uma relação com a comunidade, global, instintiva e espontânea. Não havia a separação entre a vida privada e a comunitária, não havia concepção da privacidade da vida. Diria, mais claramente, uma questão da vida privada relativamente ao social. Qualquer ato que você praticasse era simultaneamente particular e público, comunitário. Portanto, havia uma moral do trabalho que era completamente diluída no trabalho em geral, coletivo. Não havia uma moral do trabalho, especificamente, um sistema de normas especializadas, não havia uma lei especificamente do trabalho. Havia, sim, um complexo normativo único e global, em que o indivíduo era apenas uma síntese do coletivo e do individual. Não se colocava o confronto entre a individualidade e a coletividade, porque não havia essa separação. E não havia separação porque a vida não estava dividida entre privado e público. E não estava dividida porque os principais meios de produção social não estavam privatizados. Os meios de consumo também não estavam privatizados. Não emergia socialmente o conflito entre a necessidade social de uso de um meio já privatizado e os interesses tanto coletivos quanto individualizados. O conflito era outro. Se um trabalhador errasse em algum ponto, ele estava errando com a própria comunidade. A repressão, inclusive, era violentamente comunitária. Quem lê hoje os estudos de antropólogos clássicos, como Radcliff Brown e outros, sob a ótica da relação dos indivíduos com a comunidade, constata que a transgressão de uma regra era reprimida impiedosamente. Podia levar ao suicídio. Há descrição de uma moça subindo em um coqueiro, onde faz um discurso de meia hora, dizendo que a comunidade também estava errada, mas se atira lá de cima. O aspecto coletivo se abate tragicamente sobre o indivíduo. As relações de produção eram simultaneamente de parentesco, e estas organizavam a produção. Não havia separação. A divisão do trabalho estava estabelecida por critérios não necessariamente econômicos. Estava estabelecida por sexo e idade; ao pai competia uma coisa, à mãe outra, ao irmão mais velho isto, àquele que era o mais novo não competia aquilo, quer dizer, não havia a separação do grupo "família", relativamente ao trabalho, como temos hoje. Atualmente a relação familiar não tem nada a ver com o nosso trabalho. Está lá na lei, claramente. Não importa se o meu chefe é minha irmã, nem importa se é mulher ou se é velho.

No mundo do capitalismo, e do socialismo também, e, portanto, no mundo da produção industrial, em que a divisão técnica do trabalho e a divisão social do trabalho aprofundaram-se muito, constatamos que houve essa separação. Com o desenvolvimento da privatização, dos meios de produção, de distribuição e de consumo, vemos que a comunidade dividiu-se. Formou-se o mundo da sociedade civil e o mundo do Estado. O coletivo separou-se do mundo privado, o mundo em que é legítima a imposição do interesse particular e egoísta. O mundo da esmola e da doação. Certamente, um mundo sob cuja ótica estrita não é legítimo exigir do indivíduo qualquer subordinação ao coletivo. Quando se pensa nessa ótica, nos interesses globais da sociedade, então vamos para o Estado. Falamos em cidadania. Cindiu-se a sociedade, passando a relação do trabalho para o campo privado, dos interesses individuais. A moral passou a ser jogada para as regiões superestruturais porque se refere à conduta do indivíduo com a coletividade. A moral tornou-se uma espécie de depositório da antiga comunidade, como uma reminiscência do antigo mundo comunitário, este que está cindido. Então, quando somos "morais", pensamos hoje na sobreposição dos interesses coletivos sobre os interesses egoístas individuais. Por isso, se eu estiver em uma posição em que os meus interesses individuais são contraditórios dentro de mim mesmo, estou digladiando. Isso não acontece se eu estiver ocupando um ponto da estrutura social, em que aquilo que faço de meu interesse individual coincide com os interesses coletivos.

Vocês percebem que o sistema moral, como um sistema de valores, de um dever-ser, de indicativos de comportamento, passa a ser, portanto, uma referência do coletivo. Os valores morais passam a adquirir grande relevância social porque torna-se a referência da conduta dos indivíduos iso-

SERVIÇO SOCIAL E ÉTICA

lados em sua privacidade relativamente ao conjunto social e, é claro, aos interesses dominantes. Tornam-se os eixos que encadeiam as pessoas como os da imensa cadeia social, de grupos de indivíduos pacificados, como diz Cerroni.

A norma moral emerge, aí, como um sistema essencial aos indivíduos, em sua subjetividade, tanto mais vital quanto maior sua privatização e pacificação, porque possibilita-lhes determinado equilíbrio com o conjunto. É em razão disso que, sem a moral (cimento social, como dizem certos sociólogos), a sociedade desarticula-se e implode, na medida em que os particulares, no seu egocentrismo, se anulam.

Aí chegamos à questão das classes sociais, porque tendem a generalizar seus eixos morais para o conjunto da sociedade, na mesma medida em que expressam interesses materiais distintos e contraditórios, especialmente nas relações de trabalho.

Ora, numa sociedade em que interesses particulares entram em contradição com os gerais, passa a haver, evidentemente, uma moral do particular em conflito com os padrões ou eixos coletivos. Eu diria mesmo que passa a existir uma moral geral, difusa e ambígua que é a que permeia a sociedade, mas se define também uma moral coletiva, que é a moral de grupo, de classe. Passa a existir o primeiro grande conflito nesse campo, pelo qual os interesses particulares buscam generalizar-se como interesses gerais. É certamente o desenvolvimento do existencialismo, e, de alguma forma, o primeiro existencialismo cristão, que vai começar a colocar essa questão em termos da existência e da subjetividade frente à objetividade e à existência social.

Desenvolve-se o corporativismo, não o feudal, mas o moderno, no intento dos interesses particulares, que passam a arrazoar certa moral do trabalho, no sentido de sobrepor essa moral à sociedade, arrazoando-a como sendo do interesse coletivo. Como exemplo clássico, podemos citar o fascismo, que tratava de colocar interesses individuais, de grupos, como os interesses da sociedade.

Finalizando este aspecto, quero dizer o seguinte: o trabalhador, desenvolve certa moral que ele tem, em decorrência dos interesses da venda e compra da sua força de trabalho, dos seus interesses mais corporativos, dos interesses enquanto trabalhador frente ao patrão, naquela fábrica. É evidente que, se não conecta essa moral com os interesses globais da sociedade e não os ordena e articula naquele conjunto, as propostas que tiver em sua assembleia sindical serão simplesmente corporativistas. Dizemos, então, que são mesquinhas, restritas e fracas, porque se isolam. E mais, isso não depende dele, posto que está isolado. A questão está dada historicamente. É que se, efetivamente, a proposta que os trabalhadores têm for a da nova sociedade, for a proposta que avança, então eles têm tudo para que sua moral, que aparece à consciência como particular, seja também a moral pública, aquela que o Estado diz ser dele. Aí ele tem a história na mão. Agora, se não for, os trabalhadores estão perdidos. Porque aí, então, não passa de um grupo digladiando-se com outro. Vejo certos empresários dizerem isso com clareza: "Como vocês se arrogam em defender a sociedade? Eu defendo a sociedade também". Agora, quando começamos a esmiuçar a moral deles, com exceção de alguns com discurso mais moderno, percebemos que, na verdade, trata-se de classificar como público o interesse que lhes é puramente particular. É nessa interação que temos então a questão da moral corporativista. Às vezes, manifesta-se em outros níveis, é a chamada moral dos guetos e dos pequenos grupos que estejam, de alguma forma, reduzidos a si mesmos, e que se pretendem autonomizados com relação ao conjunto social.

Agora vamos entrar num ponto específico. Há uma determinação material nisto. Quer dizer, não é assim porque as pessoas são boas ou más. Há um movimento na sociedade, objetivo e material, que produz isto. Qual é esse movimento? Vejam: numa fábrica, num trabalho seriamente concatenado, é extremamente difícil um indivíduo sair das suas obrigações de trabalho. É difícil porque se ele se isolar, furar a linha, todo o sistema de produção para. De alguma forma, sua conduta está material e fisicamente em conexão com o grupo. Como está no mundo do particular, em que, portanto, a referência imediata vai remeter necessariamente para o coletivo, a moral que daí emerge é: "Você não tem que pensar a não ser nisso aqui. Aqui é a fábrica, trabalho, faça a sua obrigação, e eu lhe pago. Eu lhe dou Previdência Social, isto e aquilo, enfim, aquilo que são as conquistas da social-democracia. Não tem que ficar falando no que tal partido político diz, não tem essas conversas na fábrica. No máximo futebol (porque ainda continua sendo uma coisa mais restrita). Mas nada das questões gerais aqui". É uma moral nesse sentido. A fábrica tende a desenvolver, portanto, uma moralidade de assepsia, uma "moralidade imoral" com relação à sociedade, uma moralidade do indivíduo, da exortação ao indivíduo, que passa a generalizar-se num processo que chamo de robotização.

Este trabalhador está embutido numa produção em série, fica difícil para ele sobrepor sua individualidade. Se falha, já tem os próprios companheiros cobrando: "Você está furando, está vindo trabalhar alcoolizado, isso está estragando o trabalho de todo mundo". Os próprios companheiros o socializam permanentemente e o obrigam, nos seus valores morais, a se adequar e concatenar permanentemente com o mais geral da fábrica. Se for para um sindicato ou para um partido, já se socializa e coletiviza em seus valores morais e passa logo com a maior facilidade a se conectar mais amplamente.

Chegamos, assim, ao modo de inserção dos profissionais ditos liberais, como os advogados, médicos, engenheiros e assistentes sociais. Vocês percebem que não estão no mesmo nível de divisão técnica do trabalho como o da fábrica. A característica é que não estão embutidos num processo concatenado de extrema divisão técnica do trabalho, como está não só o operário, como os empregados do setor de serviços em geral, qualquer bancário, comerciário e também qualquer metalúrgico. Trabalham num contexto que aparece juridicamente sob o conceito de autonomia e que é invocado pelo próprio profissional, muitas vezes de dedo em riste no seu trabalho. Porque, claro, não está subordinado nesse nível técnico e tem uma ampla margem de decisão. O advogado não trabalha necessariamente dependendo do trabalho de outro. Os escritórios de advocacia que fazem isso (e são poucos) são chatíssimos, os advogados se queixam, dizem que aquilo é terrível: "Eu faço a petição inicial, o outro faz o recurso, o outro faz aquilo, não dá. Perde-se a ação, porque o processo fragmenta-se". É a mesma coisa quando um médico inicia uma cirurgia, outro põe a pinça, depois outro sabe encontrar a veia ou o nervo, e assim por diante. O trabalho dos liberais depende de um elemento subjetivo, chamado de "discernimento pessoal". É um trabalho unificado, trabalho de uma pessoa, porque não se desenvolveu fragmentando-se. Então, é necessário e melhor que seja um médico que vá do início até o fim. Vocês sabem que é muito difícil escrever um texto a quatro mãos, porque senão perde-se a organicidade do trabalho. Fica complicadíssimo fazer divisão de uma coi-

SERVIÇO SOCIAL E ÉTICA

sa que na realidade não é divisível. Um automóvel pode ser decomposto, mas a vida não. Quando o profissional liberal trabalha, tem que garantir sempre a forma orgânica e global. Porque liberais são todas as profissões que lidam com os elementos da vida, os elementos vitais. Um advogado lida com direitos e, portanto, com a própria vida. Se errar, o réu pode ser executado. Se o médico errar, o paciente morre. O assistente social não lida com a vida? Com elementos vitais? Lida diretamente com o ser humano. Não lida diretamente com o aço, cimento, ou com ferro. Não lida com dinheiro ou escrituração. Lida diretamente com pessoas, grupos e categorias sociais.

Desse ponto de vista, como é que fica a moral profissional? Entendemos que, de alguma forma, no mundo do trabalho, as pessoas desenvolvem sistemas de valores, de escolhas cotidianas e de opções. No mundo antigo, por exemplo, valores como a valentia, a lealdade, eram prioritários. O egoísmo era um valor colocado até como pecaminoso. No mundo do capitalismo, ao contrário. A lealdade não é decisiva e tão importante. Já o valor da afirmação pessoal, o da individualidade se transformando em individualismo é que passa a ser prioritário. Coragem já não é vital, absolutamente, para nada. Faça o seu trabalho, cumpra direitinho suas tarefas, você não precisa ser corajoso. Há uma discricionariedade, uma prioridade de valores que se vai sobrepondo a outros, e nesse ponto de vista é que a dialética da moral surge no trabalho como objetividade, queiram as pessoas ou não, ou por mais que digam que não têm moral. Claro que isto é uma forma de moral. Desse ponto de vista, entendemos a moral como um sistema normativo, concreto, que direciona a vida das pessoas, mas que existe objetivamente, independentemente da consciência delas; quer dizer, você trabalha, e mesmo que não tenha consciência de que age no seu trabalho com elementos morais, efetivamente você os tem, e por eles se referencia no sentido de uma moralidade do trabalho.

À medida que a divisão do trabalho avançou, especialmente a divisão técnica do trabalho, passou a existir um controle sobre isto e a moral passou a se revelar como forma de controle dos grupos de trabalho sobre os indivíduos. É evidente que, com a separação e privatização do mundo do trabalho, passou a formular-se o controle moral dos trabalhadores via Estado. A partir do momento em que o mundo se privatiza, e passa-se a dizer que a moral é uma questão de interesses coletivos, logo se torna, é claro, uma questão do Estado. Este passa a aparecer como o palco das reminiscências comunitárias em ruptura com o trabalho e com a privacidade. A compra e venda da força do trabalho não se torna mais algo imoral. Trabalhar não se torna "vergonhoso". Vender o corpo e a energia intelectual é lícito, agora. A partir desse momento, é claro que surge a necessidade de se controlar a própria moral. É desse ponto de vista que começa uma reflexão sobre a moral, o que só é possível com a divisão entre público e privado.

Adquire forma a consciência de que a moral é um sistema que pode reger a conduta das pessoas e, portanto, direcioná-las. Desse ponto de vista, criam-se as condições para a reflexão sobre a conduta das pessoas como uma das formas de seu controle social em geral e logo, especificamente, nas relações de trabalho.

Mas o fordismo e o taylorismo já implantavam um alto nível de controle pela própria natureza técnica e seriada do trabalho fabril, é evidente que aí não surge a necessidade de nenhum receituário. Como dissemos, o processo produtivo já está concatenado. Agora, nos processos de trabalho em que há uma grande margem, vazios com grande autonomia técnica dos profissionais, em que estes usufruem de liberalidade, começam a aparecer os receituários, os códigos de ética. E como o Estado é o foro do interesse público, tendem a ser editados por impulso legal.

Os primeiros códigos de ética que surgiram são, obviamente, controle, via órgãos estatais, sobre os profissionais que lidam com a vida, como advogados, engenheiros, médicos etc. Na minha opinião, esses códigos não são linearmente controles maléficos sobre as pessoas. São muito complexos, envolvendo elementos difíceis de decifrar e de uma lógica ambígua. De um lado, vemos, por exemplo, no primeiro Código de Ética dos Advogados (e acredito que no dos assistentes sociais ocorre a mesma coisa), um grupo de profissionais criou a OAB, adquiriu poder de controle dos demais advogados, por meio da delegação de poder estatal e, a partir daí, passou a dar receituário para toda a categoria. Mas, por outro lado, vemos também que isso corresponde a um fundamento material e objetivo muito forte, quer dizer, que aquele código não é apenas a expressão da vontade mesquinha de um grupo. Percebemos que aquilo corresponde a uma exigência da sociedade; é a expressão da necessidade da sociedade relativamente a esses profissionais, que têm uma certa margem autônoma de trabalho, de modo que possam começar a agir em função dos interesses do grupo, puramente corporativistas, e impondo-os à sociedade como um todo. As pessoas que deles se utilizam precisam ter algum controle sobre eles. Isto começou a ficar claro para mim, quando comecei a estudar algumas normas éticas, em sociedades onde os próprios trabalhadores estavam, de alguma forma, controlando o poder. Comecei a perceber que nas sociedades socialistas, por exemplo, havia necessidade disso; interesses expressos da sociedade em querer controlar determinados tipos de profissionais, porque, a qualquer momento, poderiam impor sua vontade facilmente, por deterem certo saber especializado. Desse ponto de vista é que começam a surgir códigos de ética como formas de controle de grupos profissionais via Estado. Os próprios trabalhadores e os próprios profissionais liberais começam a lutar pelo controle social justamente em função da distinção entre os interesses dos grupos e os da sociedade como um todo. Os próprios profissionais começam a refletir e a tomar consciência de que têm ou devem ter certa moral, que existe difusamente entre eles, consciência de que há certos padrões morais. Tomam ciência, fazem dela objeto de sua ciência, de sua consciência; passam a estudá-la, a pesquisá-la, a apreender os comportamentos e condutas profissionais, a tentar dissecá-los, a ver onde é que estão sendo ou não corporativistas, onde têm especificidade, e a perceber que aquela moralidade tem um efeito de reunificação espiritual daquele grupo de trabalhadores, quer dizer, que é fundamental. A partir daí, começam a apreender essas regras, a estudá-las, a discuti-las, a tomar consciência delas nos seus seminários. E nesse nível de críticas sobre elas, passam a apreender o essencial e a sistematizar padrões. Isso passa a ser a ética como uma ciência, cujo objeto é a moral. E, nesse momento, já é o seu oposto, o seu contrário, porque uma é concreta e difusa, a outra é formal, científica, definida e sistematizada.

A ética, como expressão da moral, passa a ser a consciência da moral, que toma a moral como seu objeto, já em nível de interação metodológica, que permite a reflexão no sentido da compreensão, da espiritualidade dos profissionais. Por meio da ética, os assistentes sociais têm a oportunidade de adquirir sua identidade espiritual-profissional e de apreender o que é sua unidade enquanto grupo particular, relativamente à sociedade. Isto significa, portanto, a politização de sua profissão, isto é, na sua concatenação de grupo dentro da sociedade, a recuperação da antiga visão de um mundo comunitário, mas, observem, não mais de forma romântica, no sentido da comunidade, como um retorno saudosista ao passado, porém, por meio da interação permanente com a sociedade. São as leis jurídicas, e também a ética, que existem no sentido dessa reunificação espiritual.

Desse ponto de vista, percebo a ética das profissões, de um lado, como reflexão que o próprio grupo pode fazer sobre si mesmo relativamente à sociedade, porque ninguém reflete sem estar dentro de um contexto mais geral — a reflexão depende justamente da relação entre o particular e o geral, e vice-versa, politizando, portanto, a atuação profissional — e, por outro lado, como uma reflexão da própria sociedade, um padrão normativo, de apropriação do conjunto social, pelo qual ganham o respeito e o reconhecimento da dignidade de todos. Determinados grupos profissionais podem estar em uma situação em que perdem essa noção da generalidade, da universalização e da politização de seu trabalho, e, desse ponto de vista, é evidente que a ética exerce aí o papel da chamada convicção, que alguns denominam de compromisso.

A ética como ciência utiliza-se do método da dialética para a apreensão da moral, do seu estudo, enquanto atividade científica, nas universidades, centros de estudo etc. Mas a ética também desenvolve um outro método fora das universidades, dentro das instituições de controle profissional (OAB, CFESS, CFM etc.). Vejo nessa distinção, que chamaria de método da convicção, justamente a ética na sua função diretiva. Quer dizer, ninguém faz ciência para nada. Se estudamos e aprendemos a moral, esse estudo vai servir para a humanidade em termos práticos, mesmo que a longo prazo. Portanto, a ética serve também como um método de direcionamento em relação à vida e aos interesses da população. Estamos vivendo, neste momento, alguns exemplos disso. Deste ponto de vista, a ética tem função política, no sentido mesmo do coletivo. Não vejo outras soluções que não as deliberações, soluções geralmente políticas, das instituições representativas dos grupos profissionais. O que se poderia discutir, agora, é a legitimidade, autenticidade e o caráter dessas instituições, do ponto de vista de sua representatividade ou de quem elabora os códigos.

3

BASES FILOSÓFICAS PARA UMA REFLEXÃO SOBRE ÉTICA E SERVIÇO SOCIAL

Maria Lúcia Silva Barroco*

É comum confundirmos ética e moral, moral e moralismo. Para o senso comum, falar de moral significa falar de proibições e obrigações formais, principalmente no que se refere à vida sexual. Assim, por exemplo, quando nos referimos a alguém cujo comportamento é contrário às normas dominantes, dizemos que se trata de um indivíduo imoral, ou seja, "despudorado", ou, então, confundimos moral com honra, o que justifica a ação de alguém que mata "em nome da honra".

Essa concepção restringe a moral à proibição; o dever passa a ser sinônimo de "obediência à proibição", o que leva

---

* Doutora em Serviço Social; professora da Faculdade de Serviço Social da PUC-SP.

a uma concepção negativa de moral. Por outro lado, também faz parte do pensamento comum a compreensão da liberdade como algo absoluto, isto é, de natureza contrária à proibição. Quando dizemos "é proibido proibir", estamos explicitando o entendimento de que a norma proibitiva não cabe na liberdade. Teríamos, então, uma concepção de "dever e liberdade" que os coloca como valores antagônicos? Este antagonismo faria parte da "natureza" dos valores — entendida como algo imutável — ou seria uma forma histórica de realização da moral?

A questão da existência de um antagonismo entre dever e liberdade poderá ser respondida de diversas formas, de acordo com as diferentes concepções por parte do pensamento filosófico. Dentre elas, quero destacar algumas que se apresentam tanto nas representações do Serviço Social como no pensamento reproduzido ao nível do senso comum, enquanto concepções éticas cuja fundamentação filosófica é dada pelo pensamento conservador e pela concepção idealista de bases metafísicas.

Para o pensamento conservador, o conflito entre dever (como obediência à norma institucionalizada) e liberdade (como algo que exclui proibições) não se coloca como tal.

O fundamento da liberdade, para o conservadorismo, é a síntese entre autoridade e ordem, enquanto o dever significa a preservação da liberdade. A moral representa o conjunto dos valores legitimados pela tradição e pelos costumes como corretos, justos, bons. O dever passa, então, a representar a própria garantia da liberdade, pois a "lei moral" que o dever realiza tem sua origem nos costumes criados pelas instituições consideradas como base da sociedade: a família patriarcal, a Igreja, as corporações-instituições intermediárias entre Estado e indivíduo.

O conflito moral será colocado em outras bases: na existência das ideias que busquem romper com a tradição, ou seja, com a autoridade daqueles grupos e de seus valores. Por isso, quando o conservadorismo busca intervir socialmente frente a um problema moral, sua ação será na direção da recuperação da moral tradicional, sendo este o significado do dever moral: resgatar e reatualizar a tradição. O conflito moral não se coloca, pois, no antagonismo entre dever e liberdade, mas na inadequação de certos setores da sociedade em relação ao "dever ser" tradicional.

A função da moral, neste caso, é a de moralização da sociedade, isto é, de sua adequação a princípios e normas que não devem ser mudados. Neste sentido, também não se coloca um conflito na utilização, já mencionada, de moral e moralismo como sinônimos, pois a realização da moral é exatamente a de moralização, tendo como base o não questionamento das normas e deveres tradicionalmente legitimados.

O critério da veracidade dos valores é dado pela história com a exaltação das relações pré-capitalistas e pela experiência prática, onde o preconceito tem um significado fundamental: é o resumo da autoridade e da ordem; é o conhecimento trazido pela experiência prática, da qual participam, não a razão teórica, mas as emoções, o empírico e a possibilidade de uma decisão diante de um fato moral.

Dentre as concepções que entendem a proibição como aquilo que contraria a liberdade, destacamos a perspectiva que indica os valores como algo absoluto, isto é, como a determinação de uma natureza imutável, frente à qual o homem deve submeter-se.

A compreensão de que os valores são absolutos pode significar tanto uma atitude de "conformismo" diante da norma repressiva como a transferência da liberdade para o âmbito de uma realidade transcendental. O conformismo tanto pode ser uma tendência a se julgar impotente diante de uma "lei moral" imutável como pode também representar uma postura pautada na ideia do "sacrifício" em nome de algo que representa um valor fundamental, como, por exemplo, a ideia da missão e da vocação como requisito para a transcendência e para a perfectibilidade. A ideia do "sacrifício" também remete para uma ética finalista, no sentido do voluntarismo, do heroísmo, na direção de um bem maior, de uma felicidade plena. Todas essas possibilidades têm em comum o contato com o "Absoluto", entendido como o significado da existência, e ao qual todos os valores se referem — fundamentos encontrados no humanismo cristão tradicional, representado pela filosofia tomista e pelo neotomismo.

Outra possibilidade de resolver o conflito entre "proibição" e "liberdade", com base na absolutização dos valores, é da compreensão de que a norma deve garantir os limites para a liberdade individual, que passa a ser absoluta dentro desses limites, não contemplando a possibilidade de uma liberdade compartilhada com os outros.

Trata-se de uma ética individualista, que se fundamenta no entendimento de que a convivência social é um impedimento para a liberdade. Neste caso, o conflito não se dá entre a norma e a liberdade, mas entre o direito natural à liberdade individual e os indivíduos, que, por alguma razão, não respeitam a norma que faz parte da natureza humana. Trata-se de uma moral fundada no individualismo, expressão de uma concepção egoísta de liberdade. Neste sentido, a norma deve garantir a não interferência na liberdade do outro, de forma que fiquem moralmente fixados os limites entre as liberdades individuais (a minha liberdade acaba onde começa a do outro). Esta concepção absolutiza a liberdade individual e coloca o outro sempre como um entrave à liberdade, que passa a ser sinônimo de "livrar-se do outro".

A absolutização da liberdade pode também acarretar uma negação absoluta do dever, o que implica a não aceitação da responsabilidade no ato moral, nas suas consequências para os outros. Neste caso, também, está em jogo uma moral pautada no egoísmo e uma negação da própria natureza da moral: sua socialidade.

A determinação absoluta dos valores também pode-se dar por uma priorização de um dos polos determinantes do comportamento moral: o subjetivo (as motivações pessoais, expectativas, desejos) e as determinações objetivas (as condições materiais da existência), tomados unilateralmente.

A supervalorização do subjetivo na determinação da escolha moral faz parte do pensamento de tradição idealista e reproduz aquela tendência a absolutizar a possibilidade de transgressão da repressão pela liberdade do pensamento, sem contar com as determinações sociais e históricas que incidem sobre a escolha de valor e sobre a realização da liberdade.

Num outro extremo, encontramos o materialismo mecanicista, que entende a condicionante material como absoluta, sem nenhuma interferência do indivíduo, que reproduz mecanicamente as determinações sociais.

Essas concepções excluem a possibilidade de uma apreensão do movimento dialético da realidade e da objetividade da moral como algo histórico e realizado pelo próprio homem. São visões que pressupõem a existência de um modelo ideal de "bem", ao qual a realidade deve se submeter. Apresentam também uma tendência a dividir o real em partes estanques e predeterminadas, e a priorizar a dimensão moral na análise da realidade, dividindo-a entre "bons e maus" — pensamento que Heller chama de "preconceituoso":

Nos preconceitos morais, a moral é objeto de modo direto. Mas, mesmo em outros âmbitos que não o dos preconceitos morais, todos os preconceitos se caracterizam por uma tomada de posição moral, já que, como vimos, são ao mesmo tempo falsos juízos de valor. Assim, por exemplo, a acusação de 'imoralidade' costuma-se a juntar-se a preconceitos artísticos, científicos, nacionais etc. Nesses casos, a suspeita moral é o elo que mediatiza a racionalização do sentimento preconceituoso.[1]

Heller também aponta a fé como "o afeto do preconceito", indicando que a adesão a um valor pela fé resulta num pensamento que tende à moralização dos problemas sociais. O dogmatismo é típico do preconceito, uma vez que os valores adquiridos pela fé funcionam como dogmas, o que impossibilita a superação daquele antagonismo entre repressão e liberdade, uma vez que também exclui a possibilidade da escolha.

Ao discutir questões referentes à moral, estou realizando uma reflexão ética. Para isto, recorro à explicitação dos fundamentos de cada concepção ética, entendendo, pois, que refletir sobre a moral demanda o recurso à filosofia.

A ética, enquanto espaço de reflexão sobre a moral, é também um espaço da filosofia, que apresenta como características principais:

— a busca de um "saber inteiro", isto é, de totalidade;

— a perspectiva de "ir às raízes", ou seja, de não se contentar com a aparência dos fenômenos, buscando apreender a sua essência;

---

1. HELLER, Agnes. *O cotidiano e a história*. Rio de Janeiro: Paz e Terra, 1972. p. 56.

— a constante indagação sobre o significado dos valores, o que, no caso da ética, quer dizer perguntar o porquê da escolha de valores e para onde esta escolha me leva.

Esta concepção de filosofia implica a afirmação da relação entre ela e a política, entre a elaboração intelectual e a prática social, na direção da filosofia que não pretende somente entender o mundo, mas também transformá-lo. Não se trata, entretanto, nem da redução da política à moral, o que implicaria também um moralismo (típico da redução de um programa político às características morais das pessoas que o compõem), tampouco de uma subtração da dimensão moral dos atos políticos (o que significaria a justificação dos meios pelos fins a alcançar).

A ética, nessa perspectiva, não prescreve a moral, objeto de sua reflexão, mas isto não significa a neutralidade da filosofia. Toda filosofia, ao fazer crítica às outras, sugere uma nova forma de vida. Uma filosofia pautada na liberdade deverá, por exemplo, contrapor-se a todo valor que expressar qualquer tipo de exploração do homem pelo homem, bem como indicar valores que signifiquem a explicitação da essência humana, historicamente desenvolvida: a socialidade, a universalidade, a consciência, a objetivação e a liberdade.

Como a perspectiva que pressupõe historicidade dos valores entenderia aquele conflito entre dever e liberdade?

A reflexão ética que pressupõe a crítica dialética e a historicidade dos valores compreende esse conflito como uma forma histórica de explicitação da moral, indicando-o como uma contradição entre a consciência da liberdade e os impedimentos objetivos para a sua realização.

O tratamento dos valores dever e liberdade, como expressões de necessidades objetivas, possibilita compreendê-los como categorias extraídas do real, ou seja, do conjunto de necessidades geradas no processo de organização da vida social em suas várias dimensões.

O processo de humanização do homem é também a história da explicitação de suas capacidades de objetivar-se no mundo, primeiramente por intermédio do trabalho, e de intervir, neste mundo, de forma livre. Sua história é, portanto, a história do desenvolvimento de suas possibilidades de projetar, escolher conscientemente, criando necessidades e valorando-as positiva ou negativamente. Nessa perspectiva, a liberdade não é uma idealização abstrata, mas uma possibilidade real que, uma vez explicitada pelos homens, não se perde mais na história, apesar de ficar, em alguns momentos, abafada por impedimentos conjunturais. A liberdade e o dever não derivam de algo transcendente ao homem, mas fazem parte de um conjunto de princípios que expressam necessidades ontológicas, isto é, parte da essência humana, criada pelo próprio homem.

Neste sentido, posso falar da liberdade como um princípio da moralidade construída pelo homem e do dever como algo que diz respeito à responsabilidade diante das escolhas morais, o que pressupõe a recuperação da liberdade como a possibilidade de escolha consciente, diante de várias alternativas. Isto implica uma noção de dever aliado à responsabilidade pela escolha assumida, isto é, um compromisso, em vez de uma obrigação formal, ou uma adesão pela fé ou pela imposição da norma.

O dever que nega a liberdade seria, então, uma necessidade sócio-histórica, uma forma determinada de impedimento para o resgate da liberdade, que já se universalizou enquanto valor.

Contraditoriamente, é o desenvolvimento das forças produtivas no capitalismo que coloca a possibilidade de o homem ter consciência da sua capacidade de ser livre. Um dos elementos que mostram a tensão entre a consciência da liberdade e a existência de barreiras objetivas para a sua realização é dado pela contradição entre a lógica da desigualdade, própria das relações sociais capitalistas, e o discurso da igualdade e da liberdade.

Neste sentido, o idealismo e o recurso à metafísica são vistos, pela crítica dialética, como expressões do pensamento burguês no sentido de "superação" de um conflito, não entre o dever e a liberdade, mas entre a consciência de que a liberdade é possível e a consciência dos impedimentos para esta realização; consciência posta pela prática social e objetivada sob a forma de novas necessidades. A liberdade, nestes termos, passa a ser uma necessidade que não se perde na história, mas é resgatada em diversos momentos e de diferentes formas.

Na formação social capitalista, um dos elementos que indicam a existência real de um conflito entre a consciência da liberdade (como valor universal e ontológico) e a consciência de barreiras objetivas que impedem a sua realização universal é a contradição entre a lógica da desigualdade (inerente às realizações sociais capitalistas) e o discurso da igualdade (sua base de justificação ideológica). Neste sentido, o recurso ao idealismo e à metafísica são respostas de classe, apreensões possíveis do pensamento burguês, ao que diz respeito à superação daquela contradição.

Simone de Beauvoir, ao analisar o pensamento burguês, observa:

> Separado de todo o contacto com a matéria, por causa de seu trabalho e pelo seu gênero de vida, protegido contra a necessidade, o burguês ignora as resistências do mundo real: é

idealista com a mesma naturalidade com que respira. Tudo o estimula a desenvolver sistematicamente essa tendência, que reflete, de imediato, sua situação; fundamentalmente interessado em negar a luta de classes, ele não pode desmenti-la senão recusando a realidade em bloco. Por isto, tende a substituí-la por ideias, cuja compreensão e extensão delimita, arbitrariamente, segundo seus interesses.[2]

Qual é o rebatimento da reflexão ética aqui colocada no Serviço Social? O que significa falar em ética profissional e como esta dimensão da profissão se explicita?

Uma primeira questão que se coloca diz respeito à compreensão do Serviço Social sobre a relação entre filosofia, ética e moral.

Na escassa literatura específica,[3] é possível identificar uma unidade entre filosofia e ética na produção clássica do Serviço Social (anterior ao Movimento de Reconceituação), da qual salientamos a concepção de Balbina Ottoni Vieira:

> A Ética pretende estudar em profundidade o ser e o sentido das normas morais, isto é, explicar o bem moral e suas características. (...) Traduzida na prática, a Ética constitui a "Moral", "a ciência normativa e construtiva que orienta o homem para realizar seus fins". A moral dá a conhecer as regras supremas, assim como as regras próximas, aplicadas ao ato a ser cumprido.[4]

---

2. BEAUVOIR, S. *O pensamento da direita, hoje*. Rio de Janeiro: Paz e Terra, 1972. p. 6.

3. Salienta-se a obra de KISNERMAN, Natalio. *Ética para o serviço social*. Rio de Janeiro: Vozes, 1983, e o estudo de AGUIAR, Antonio Geraldo, sobre a influência do neotomismo no Serviço Social. In: *Serviço Social e filosofia*: das origens a Araxá. São Paulo: Cortez, 1982.

4. VIEIRA, B. O. Serviço Social: ética e deontologia. In: *Metodologia do serviço social*. Rio de Janeiro: Agir, 1979. p. 181-2.

Coloca-se uma separação entre ética e deontologia, que é entendida como a ética aplicada a um setor do comportamento humano, o profissional: é a "ciência dos deveres do que é justo e conveniente que os homens façam, do valor a que visa e do dever ou normas que dirigem o comportamento humano".[5]

Essa perspectiva insere-se na abordagem ética tradicional, fundada em bases metafísicas e idealistas, e reprodutora do modo positivista de divisão da moral em várias áreas e com códigos diferentes para cada uma (por exemplo, moral sexual, privada, política, profissional). Podemos, então, observar que a unidade entre filosofia e ética só é ressaltada exatamente na concepção que entende a filosofia como o conhecimento do "bem absoluto" e a ética como a ciência que deve prescrever as normas decorrentes dos princípios explicitados pela filosofia. O mesmo ocorre em relação à formação profissional dada nas primeiras escolas de Serviço Social, que enfatizavam a necessidade do estudo da filosofia e da ética como fornecedores da base moral do comportamento profissional.

Por que, na produção posterior ao Movimento de Reconceituação, esta preocupação com a filosofia e a ética se "dissolve" na constante negação dos valores "universais abstratos", sem, no entanto, indicar de forma mais específica qual seria a diferença entre o "dever missionário" e o dever pautado em novos valores?

Evidencia-se uma dificuldade de enfrentamento tanto da dimensão ética da profissão como no que diz respeito ao estabelecimento de novas bases filosóficas. Neste sentido, observe-se o Documento de Araxá, marco da reconceituação

---

5. Idem, p. 182.

do Brasil, que reproduz os postulados tradicionais pautados no neotomismo.

Outro dado relevante é a ausência de uma proposta de reformulação da disciplina de Ética Profissional no processo de reformulação curricular do Serviço Social, a partir de 1982. As constantes avaliações do novo currículo, cujo processo ainda está em andamento, têm sido objeto de seminários, estudos, na busca de solução para os problemas referentes à ruptura com as abordagens clássicas do Serviço Social. Com exceção dos artigos publicados na revista *Serviço Social & Sociedade*,[6] que abordam a disciplina Fundamentos Filosóficos no novo currículo, não é de conhecimento público a existência de alguma proposta de reformulação das disciplinas de Filosofia e Ética, tampouco a indicação de que elas são inseparáveis.

Na prática, o divórcio entre as duas evidencia mais um problema a ser discutido: o despreparo dos assistentes sociais docentes, em geral, em filosofia. Disto decorre a falta de discussão e preparação conjunta dos programas que, geralmente, são dados por unidades diferentes e acarretam muitas vezes:

1) uma abordagem filosófica que não se refere às principais correntes que influenciaram o Serviço Social, tampouco às peculiaridades de tais incorporações — que seria a possibilidade de desmontar, pela filosofia, as incorreções "filosóficas" do Serviço Social;

2) uma abordagem ética que não se refere aos fundamentos filosóficos, mas tão-somente à dimensão ideológica, no sentido de ou reproduzir o tradicional (a ética como a disci-

---

6. AGUIAR, A. G. A filosofia no currículo de serviço social; TONET, Ivo. Fundamentos filosóficos para nova proposta curricular do Serviço Social. In: *Revista Serviço Social & Sociedade*, São Paulo, Cortez, n. 15, 1984.

plina que ensina o que se deve fazer) ou o "novo" (somente com sinal trocado; neste caso, a disciplina ensina o que não se deve fazer).

Esta problemática remete ainda para a indicação da tendência a compreender a ética somente como dever, reproduzindo, na formação profissional, a já apontada confusão entre moral e moralismo. Neste sentido, qual é o requisito das escolas para a escolha de professores de Ética? Ensina Ética quem tem "vontade, afinidade", ou quem se prepara filosoficamente para isso?

Todas essas questões sinalizam uma dificuldade muito grande em lidar com a dimensão ética e com a filosofia sobre novas bases, que, de fato, venham a romper com a principal marca da ética profissional tradicional: a sua fundamentação metafísica e idealista.

A evidência de que a dimensão ética é algo nebuloso e pouco trabalhada é a constatação de que a categoria profissional somente tem se articulado em termos nacionais para discutir a ética quando se torna necessária a reformulação de nosso Código de Ética. Isto vem demonstrar que, apesar de insuficiente, a necessidade ética está colocada, uma vez que poderíamos também não mudar o Código. Mas isto vem demonstrar, igualmente, o entendimento restrito que se tem acerca da ética e da moral. A ética, como apreensão teórica da moral, diz respeito aos seus fundamentos e à busca do significado histórico dado aos valores: diz respeito às raízes dos problemas, à busca da essência, ou seja, é um modo peculiar de olhar determinada dimensão da realidade. Ética profissional, neste sentido, deveria ser a disciplina que discute estas questões em relação às peculiaridades de cada profissão, mas sem nunca restringir a ética à dimensão de uma profissão.

Um Código de Ética representa uma exigência legal de regulamentação formal da profissão e, como tal, é um instrumento específico de explicitação de deveres e direitos profissionais, ou seja, refere-se a uma necessidade formal de legislar sobre o comportamento dos profissionais.

A falta de debate filosófico sobre a dimensão moral da profissão acarreta o entendimento de que estes três espaços diferenciados — da ética, da dimensão moral da profissão e do código — sejam identificados como uma mesma coisa e, o pior, partindo do mais restrito, que é o do código. O fato de a questão ética somente se colocar em relação ao código mostra também que a categoria tem uma visão legalista de moral, ou seja, restrita à norma formal.

A moral não deve sua existência à teoria e à filosofia, embora não possa prescindir deste conhecimento quando se quer pensada de forma rigorosa. Sendo uma dimensão da vida social prática, a moral se expressa de diversas formas e em diversos espaços, cabendo à reflexão ética apreendê-las ou não. Existe um evento que, por exemplo, vem marcar uma postura de ruptura política com a ordem social dominante, que é o 3º Congresso Brasileiro de Assistentes Sociais, em 1979. Quando se decide romper a tradição, chamando para a mesa do Congresso não os representantes do governo, mas dos trabalhadores, configura-se uma ação de implicações morais evidentes.

Com isso, quero afirmar que, embora sejam quase inexistentes a reflexão e produção ética no Serviço Social, isto não significa uma ausência de comportamentos morais. Eles estão presentes no cotidiano do nosso trabalho e das nossas vidas, por meio de escolhas de valor e das implicações ético-políticas da nossa intervenção. O que me parece problemático é a restrição da moral somente à normatização do dever profissional.

O dever profissional, historicamente, tem-se colocado na perspectiva de reprodução do conservadorismo moral, implicando uma intervenção que, embora carregada de boas intenções morais, realiza um produto final que contribui:

1) com a visão que entende não existir subordinação da profissão ao político, tomado no seu sentido mais amplo;

2) com a explicitação de que, nessa conjuntura de subordinação, ela optará por uma classe social, aquela que recebe os seus serviços.

Essa ruptura política tem implicações que se evidenciam de várias formas, mas em termos da ética somente aparecerá por intermédio da reformulação do Código Profissional, em 1986. Nesse processo, que se inicia no final da década de 1960, a vertente de ruptura coloca como valor ético-político o compromisso com a classe trabalhadora, que será expresso no novo Código de Ética.

Nesta perspectiva, cabem algumas indagações:

1) Qual seria a linguagem ético-filosófica de um compromisso político? Não seria a explicitação de valores que façam parte de um projeto político (por exemplo: um projeto democrático deve eleger quais valores morais)?

2) A explicitação de um compromisso de classe num Código de Ética significa a ruptura com a metafísica ou somente se inverteram os lados, persistindo uma visão que ainda traz as marcas do a-historicismo, da predeterminação, do maniqueísmo, na medida em que pressupõe, *a priori*, que todos os trabalhadores são comprometidos com sua classe?

3) Dessa não superação da base filosófica tradicional, não decorreria uma visão moralista do real (aquela que prioriza o elemento moral), dividindo o mundo entre "bons e maus"?

Esses são alguns elementos que podem estar contribuindo para a superação da visão abstrata e metafísica, o que me parece ser dado como possibilidade pelo método crítico-dialético. O Código de 1986 ensaia essa superação, embora cometa alguns equívocos, próprios das possibilidades históricas nas quais foi tentada e da própria heterogeneidade presente no interior da vertente representada pelo Código. Enquanto marco de ruptura com os códigos anteriores, ele é de fundamental importância e, quando se fizer necessária a sua reformulação, é preciso não esquecer desse avanço, no sentido de ampliá-lo de acordo com as necessidades atuais, não só da categoria, mas do conjunto dos profissionais e da população que é atendida pelos serviços sociais.

PARTE III

SERVIÇO SOCIAL E ÉTICA

1

O DEBATE CONTEMPORÂNEO DO SERVIÇO SOCIAL E A ÉTICA PROFISSIONAL

*Marilda V. Iamamoto**

A presente discussão sobre a ética profissional acontece em um momento da maior relevância para os assistentes sociais: o da elaboração e discussão coletiva de um novo Código de Ética Profissional,[1] a ser aprovado neste XXI Encontro Nacional CFESS/CRESS.[2] Não sendo uma especialis-

---

* Professora da Escola de Serviço Social da UFRJ.

1. Tais debates tiveram como base o documento do CFESS — "Reformulação do Código de Ética Profissional do Serviço Social", de autoria da comissão técnica constituída por Beatriz Augusto de Paiva, José Paulo Netto, Maria Lúcia Barroco, Marlise Vinagre e Mione Apolinario Sales. Brasília, outubro de 1992.

2. O Código de Ética Profissional do Assistente Social, aprovado nesse evento, foi publicado no *Diário Oficial da União*, em 13 de março de 1993, entrando em vigor a partir dessa data.

ta no campo da ética e da filosofia, pretendo traçar um quadro do debate contemporâneo do Serviço Social no país, para que nele se possa problematizar a questão da ética no exercício profissional. Em outros termos, situar no debate profissional contemporâneo a importância da revisão do Código de Ética.

A reflexão será desenvolvida em três momentos. Inicialmente, explicitarei algumas premissas norteadoras da análise do Serviço Social. Em seguida, farei breve retrospecto do debate profissional nos anos 1980, identificando avanços e impasses que contribuíram para situar o debate ético nesse panorama. Em um terceiro momento, problematizarei mais especificamente como vem se dando a relação entre conhecimento e valores na trajetória histórica do Serviço Social, salientando as tentativas de rupturas verificadas a partir do Movimento de Reconceituação do Serviço Social latino-americano e suas refrações na reorientação do debate sobre a ética profissional que hoje se processa. A título conclusivo, indicarei apenas algumas preocupações ético-políticas no trato da "questão social", no lastro das conquistas democráticas obtidas pela sociedade brasileira e dos avanços acumulados na órbita da profissão ao longo da década passada.

OS PRESSUPOSTOS DA ANÁLISE

Para se pensar as relações entre ética e o debate contemporâneo do Serviço Social,[3] parte-se da premissa de que as particularidades da polêmica da profissão, nas últimas déca-

---

3. Esta conferência está baseada em outro texto de minha autoria, recuperando alguns dos aspectos ali desenvolvidos. Ver: IAMAMOTO, M. V. O debate contemporâneo da reconceituação: ampliação e aprofundamento do marxismo. Rio de Janeiro: UFRJ, 1992 [não publicado].

das, são tributárias da complexificação do Estado e da sociedade no país, em função das novas condições econômicas e políticas criadas pela ditadura militar e sua crise. Foi com a crise do regime ditatorial instaurado em 1964, expressa no contexto das lutas pela democratização da sociedade brasileira — lutas essas que adquirem visibilidade política na segunda metade da década de setenta —, que se gestou *o solo histórico, o terreno vivo, que tornou possível uma abrangente, profunda e plural renovação do Serviço Social*. Essa renovação se impôs como socialmente necessária à construção de respostas profissionais àquela crise, no sentido de o Serviço Social garantir e preservar sua própria contemporaneidade: sua necessária conciliação com o tempo e a história presentes. Processo renovador que atinge os campos do ensino e da pesquisa, da prática e da organização político-corporativa da categoria profissional e que se repõe hoje, de forma proeminente e decisiva, na análise dos fundamentos éticos da ação profissional.

Tais indicações já acenam para um outro pressuposto: o de que para deslindar o significado social da profissão há que romper os muros do "estritamente profissional", para apreender a profissão como um *produto histórico*, como uma especialização do trabalho coletivo, que adquire inteligibilidade na história social de que é parte e expressão.

Como partícipe do trabalho coletivo, inscrito na divisão sociotécnica do trabalho, o Serviço Social é expressão de necessidades sociais criadas no movimento das relações entre o Estado e a sociedade civil, das relações entre as classes, suas frações e as instituições por elas criadas no enfrentamento da "questão social". É nesse movimento que ingressa o Serviço Social na ampla tarefa de implementação e, em menor medida, de formulação de políticas sociais.

O ponto de partida é, pois, que a *história é fonte de nossos problemas e chave de suas soluções*. Neste sentido, pensar o debate profissional contemporâneo supõe necessariamente ultrapassar os limites do que é comumente tido como "estritamente profissional", para que se possa iluminar o entendimento das particularidades da profissão e de suas polêmicas nos quadros mais amplos das relações entre o Estado e a sociedade no país.

É importante deixar claro que daí não deriva qualquer viés determinista na análise do Serviço Social, como se este fosse exclusiva e unilateralmente resultante das oscilações histórico-conjunturais, independente da ação dos sujeitos que o constroem. Ora, se a história estabelece limites e abre possibilidades para as ações dos sujeitos, aqueles limites e possibilidades só se transformam em alternativas profissionais, quando apropriadas pela categoria profissional e traduzidas em propostas por ela construídas na esfera da pesquisa, da formação e da prática do Serviço Social.

BREVE RETROSPECTIVA DO DEBATE PROFISSIONAL NOS ANOS 1980

É necessário efetuar uma breve retrospectiva do debate levado a efeito pelo Serviço Social brasileiro na década de 1980, para que nele se possa identificar a importância e o significado da revisão, que ora se procede, dos fundamentos ético-profissionais e do Código de Ética, como uma das respostas que vêm sendo construídas pelos assistentes sociais ao momento histórico presente.

Ao longo dos anos 1980 verificou-se um salto de qualidade na consolidação acadêmico-profissional dos assistentes sociais, em suas várias esferas: na organização da categoria, nas atividades de pesquisa e produção acadêmica, na formação e na prática profissionais.[4] Carregando as heranças da ditadura militar e de seu projeto de "modernização conservadora", a categoria profissional emergiu na cena social na transição democrática com um novo perfil. As profundas transformações operadas pela ditadura militar no Estado e na sociedade civil alteraram a face da sociedade. Na consolidação da expansão monopolista, as substanciais alterações efetuadas nos processos produtivos — fruto do desenvolvimento tecnológico e das mudanças verificadas nos processos de trabalho — e na arena política, com o doloroso silenciamento da sociedade civil que lançou profundas amarras ao exercício da cidadania — ainda que alimentando uma surda, mas ativa, luta de classes presentes nos subterrâneos da arena institucional —, vêm à tona com a liberalização do regime, ao mesmo tempo em que a precipitam. *Tais processos criaram, contraditoriamente, as condições para a maturação profissional na área do Serviço Social*, capacitando-se para o enfrentamento das novas condições emergentes com a liberalização política, junto com a maioria da população brasileira.

Assim, *os anos 1980 marcam a travessia para a maioridade intelectual e profissional dos assistentes sociais, para a sua cidadania acadêmico-política*. Essa maturação foi decisivamente condicionada pela inserção da categoria profissional nas lutas mais amplas pela conquista e aprofundamento da democratização da vida social: do Estado e da sociedade no país, no horizonte da socialização da política e da economia.[5] Foi esse

---

4. Conferir, neste sentido, a rica análise de NETTO, J. P. *Ditadura e serviço social*. São Paulo: Cortez, 1991.

5. Sobre a democracia como socialização da política e da economia, ver as formulações de COUTINHO, Carlos Nelson. *Democracia como valor universal e outros ensaios*. 2. ed. ampl. Rio de Janeiro: Salamandra, 1984.

processo que gerou o alicerce sociopolítico que tornou possível e necessária aquela maturação cívico-profissional na área do Serviço Social expressa no seu processo de renovação.

Lançando um olhar retrospectivo para a última década, vê-se que no campo da formação profissional consolida-se o ensino pós-graduado, cresce qualitativa e quantitativamente a produção científica que adensa e alimenta o mercado editorial. A atividade de pesquisa afirma-se nessa área profissional com o seu consequente reconhecimento por parte das entidades oficiais de fomento. Aprova-se, em 1982, o currículo mínimo para os cursos de graduação, que sofrem ampla reformulação, e, após dez anos de implantação do currículo, já requerem um balanço avaliativo, tendo em vista futuras revisões. É um período em que na prática profissional verificam-se saltos de qualidade, caminhando na direção de uma ruptura com o tradicionalismo profissional. A organização sindical da categoria foi construída a nível nacional, ao mesmo tempo em que as várias entidades de representação são legitimadas e marcam sua presença, enraizadas nas lutas quotidianas dos assistentes sociais. Enfim, substanciais conquistas foram acumuladas nos campos da produção acadêmica, da prática e organização profissionais.

Para que se possa avaliar a centralidade que a temática da ética adquire no Serviço Social em seus vínculos com a trajetória da sociedade e com o desenvolvimento da profissão, há que se retomar alguns dos núcleos temáticos polarizadores da polêmica profissional nos anos 1980, a fim de identificar se o tema da ética foi um parceiro dessa polêmica, se caminhou ou não nos mesmos rumos a ela imprimidos e no mesmo ritmo em que foram obtidos os demais avanços na produção acadêmico-profissional.

Como situar o debate profissional nos anos 1980?

A análise sugere que dois eixos temáticos enfeixaram o debate. O primeiro refere-se à *questão teórico-metodológica no Serviço Social, traduzida tanto na crítica ao conservadorismo, quanto ao marxismo vulgar,* tal como incorporado pela reconceituação. A polêmica em torno das relações entre *teoria, método e história* deu o *tom* das análises sobre a formação profissional, ainda que registrando limites no que diz respeito à passagem dos fundamentos teórico-metodológicos para a ação propriamente profissional. Em outras palavras: além dos saldos acumulados, quanto ao rigor analítico na apropriação das principais matrizes do pensamento social na modernidade, particularizando suas derivações na compreensão das problemáticas profissionais, resta um caminho a percorrer no tocante *às estratégias e implicações técnico-políticas da ação profissional:* avançar nas inúmeras *mediações que tecem o trânsito analítico dos fundamentos teórico-metodológicos para as problemáticas imediatas com que se defronta o assistente social no mercado de trabalho,* iluminando novas possibilidades para a construção de alternativas criadoras ao fazer profissional.

O segundo eixo temático polarizador do debate refere-se à *historicidade do Serviço Social.* Foram lançados, nos anos 1980, alicerces mais sólidos para as análises da historicidade da profissão, em suas relações com o Estado e o movimento das classes sociais, detectando nessas relações as particularidades da profissionalização do Serviço Social sob diversos pontos de vista. Foi feita ainda uma ampla reconstituição histórica da sua evolução no país, sob diferentes angulações. A história foi tomada não apenas como reconstituição do passado, mas como elemento essencial para se compreender os determinantes e efeitos da prática profissional na sociedade brasileira atual, de modo a tornar possível o direcionamento dessa prática na perspectiva de reforço ao processo de construção da democracia e da cidadania dos trabalhadores, preservando e ampliando seus direitos sociais.

Assim, nos anos 1980, o Serviço Social tornou-se objeto de sua própria pesquisa e, ao voltar-se sobre si próprio, ele se defrontou com um amplo leque temático, que permitiu que se encontrasse, ao mesmo tempo, com os grandes problemas colocados pela sociedade,[6] tais como: a natureza do Estado brasileiro na "idade do monopólio",[7] as políticas sociais públicas, em especial a previdência, a saúde e a assistência, tendo a categoria assumido um papel de destaque no debate sobre a assistência social pública. Incursões foram feitas no campo das análises de conjuntura e das relações de poder institucional, além da incorporação, pelo Serviço Social, das análises sobre os movimentos sociais efetuadas pelas Ciências Sociais e aquelas presentes na própria prática das organizações da sociedade civil. Contrapondo-se interpretações dualistas, foi explicitado o caráter contraditório da profissão e do papel profissional no âmbito das relações de classes e frente às políticas sociais públicas e empresariais, contribuindo para uma politização das ações profissionais, não mais nos marcos do militantismo — como foi predominante no movimento de reconceituação —, mas no sentido de compreender a profissão no âmbito das relações de poder de classe, e, em especial, com o poder de Estado.

Em uma tentativa de síntese de alguns dos importantes avanços da produção acadêmica no período, poder-se-ia dizer

---

6. A bibliografia profissional sobre os temas arrolados a seguir é ampla e de domínio público, reservando-me o direito de evitar sua transcrição.

7. A expressão é de NETTO. In: *Capitalismo monopolista e serviço social*. São Paulo: Cortez, 1992.

que, do ponto de vista teórico-metodológico, o Serviço Social passou da mera negação e denúncia do tradicionalismo profissional ao trato efetivo de seus dilemas e impasses, tanto no campo teórico como na prática quotidiana. Transitou de uma abordagem meramente metodologista no campo dos encaminhamentos da ação para o enfrentamento — ainda com dificuldades e debilidades — das polêmicas teórico-metodológicas presentes no pensamento social na modernidade, articulando as reflexões sobre a profissão àquelas polêmicas. Se a reconceituação introduziu o crivo da crítica nas análises então predominantes sobre a profissão, representando, inclusive, sua primeira aproximação à tradição marxista, carregou também os ônus provenientes dos vieses do marxismo vulgar. Na década de 1980, o Serviço Social depurou sua aproximação àquela tradição intelectual, tendo, inclusive, aberto o debate sobre a "crise do(s) marxismo(s) e a crise dos paradigmas". Tal processo vem permitindo que se invista no esforço de ultrapassar o ecletismo nas abordagens teóricas em favor do pluralismo. Reconhece-se a diferencialidade das posições presentes no âmbito profissional, como condição para se construir uma convivência madura entre tendências teórico-metodológicas e políticas distintas, o que não exclui a luta pela hegemonia presente neste campo. Busca-se romper com os dogmatismos em favor de uma convivência plural e democrática entre diferentes perspectivas do Serviço Social, explicitando-se, inclusive, um debate no interior do próprio marxismo.

Tendo por base tais elementos, pode-se concluir que conquistas substanciais foram obtidas no campo teórico-metodológico e na revisão do papel do assistente social na sociedade.

Mas também se reconhece a existência de inúmeros "buracos negros" no debate, indicativos de temas que necessitam ser aprofundados ou mesmo inseridos na pauta das discussões. A título de ilustração, tem-se a propalada "crise dos paradigmas", na qual também se encontra contido um questionamento globalizador à tradição marxista no confronto com as tendências intelectuais e estéticas articuladas em torno da "pós-modernidade".[8] No enfrentamento dessa polêmica, devem ser observados cuidados a fim de se evitar as artimanhas de se questionar as visões caricaturais das análises de Marx em vez dos fundamentos teórico-metodológicos e históricos que presidem a teoria social crítica por ele inaugurada.

Existe ainda um conjunto de temas não contemplados ou que necessitam ser retomados e aprofundados — inclusive dentro da melhor tradição marxiana —, entre os quais merecem destaque: *a relação indivíduo/sociedade; as relações entre as macroanálises e as microssituações enfrentadas no cotidiano profissional; as relações entre o universal, o particular e singular; as relações entre objetividade e subjetividade; a questão da cultura*, que, entre outras, merecem uma atenção especial, dada sua importância e incidência no fazer profissional. Um outro aspecto que aparece como debilidade do debate teórico-metodológico — sem desconsiderar o novo patamar em que foram tratados os seus fundamentos — foi não ter enfrentado, com a mesma profundidade e intensidade, *as questões atinentes às estratégias técnico-políticas da ação profissional.* E, sem sombra de dúvida, um dos temas que estava por merecer um maior aprofundamento na pauta dos debates *é a questão dos valores e da ética*, reapropriada e colocada no centro da reflexão profissional nesse início dos anos 1990.

---

8. Ver CHAUI, Marilena. Público, privado e despotismo. In: NOVAES, A. (Org.). *Ética*. São Paulo: Secretaria Municipal de Cultura/Companhia das Letras, 1992. Ao revisar o texto desta conferência, já se encontra traduzido o importante trabalho de HARVEY, D. *A condição pós-moderna*. São Paulo: Loyola, 1993.

O DEBATE EM TORNO DA ÉTICA PROFISSIONAL

O debate em torno da ética profissional[9] é necessariamente tributário das conquistas acumuladas no cenário da profissão, não sendo possível encará-lo isoladamente em si mesmo, desvinculando-o dos avanços obtidos pela categoria nos últimos anos. Por outro lado, não pode ser pensado independente da centralidade que vem adquirindo a relação entre a ética e a política na cena nacional, frente à assustadora onda de desmandos dos governantes, reveladores da subordinação da coisa pública a interesses privados, canalizando recursos e verbas públicas para objetivos particularistas, pelo uso de meios ilícitos.

Observa-se, na sociedade contemporânea, uma tensão entre o sentimento de uma "crise de valores", nomeada por alguns de *pós-modernidade*, no embate com a necessária reafirmação do legado de valores que inauguram a modernidade.

Como sustenta Chauí: "o sentimento dessa 'crise' expressa-se na linguagem quotidiana, quando se lamenta o desaparecimento do dever ser, do decoro e da compostura no comportamento dos indivíduos e na vida política, ao mesmo tempo em que os que assim julgam manifestam sua desorientação em face de normas e regras de conduta cujo sentido parece ter se tornado opaco".[10]

---

9. O debate sobre a reformulação do Código de Ética foi acompanhado de algumas produções, posteriormente publicadas, dentre as quais pode-se referir a título ilustrativo: BARROCO, M. L. Bases filosóficas para uma reflexão sobre ética e serviço social. In: *Serviço Social & Sociedade*, São Paulo, Cortez, n. 30, p. 80-90, 1992; SALES, M. A. O lugar da moral e do indivíduo na tradição marxista. In: *Serviço Social & Sociedade*, São Paulo, Cortez, n. 38, p. 56-76, 1992; PAIVA, B. A. Algumas considerações sobre ética e valor. In: *Cadernos de Teses do 7º Congresso Brasileiro de Assistentes Sociais*, São Paulo, maio, 1992.

10. CHAUI, M. Op. cit., p. 345.

Por outro lado, no embate com o sentimento de "crise dos valores", verifica-se a reanimação do debate ético-moral que a denuncia e recusa a separação entre meios e fins, *separação esta que tende a reduzir a ética e a política, de uma práxis, a uma técnica.*

A retomada das preocupações em torno dos fundamentos éticos do exercício profissional — tema este que após o Código de 1986 ficou relativamente subalternizado no Serviço Social — não se explica apenas nos muros intraprofissionais. A questão da dimensão ético-política também ao nível societário adquire proeminência, seja frente à pós-modernidade que mina princípios ético-políticos sedimentadores da vida social na modernidade — a crença na razão, na igualdade, na possibilidade do desenvolvimento humano, na autonomia individual —, seja motivada pela reação coletiva à desmoralização que vem atingindo a esfera pública no país com a multiplicação dos casos de corrupção e de escândalos, acompanhada da atenta e vigorosa resistência e vigilância cívica da sociedade civil.

Este debate sobre a ética e a política que atinge a sociedade tem também suas refrações na profissão, sendo parte da busca mais ampla de um reencontro entre ética, política e profissão, o que nos leva a repensar a política e também a prática profissional como práticas que têm por horizonte a construção de sujeitos políticos coletivos. Construção esta que é parte constitutiva da luta pela hegemonia, implicando a execução em comum de atos teleológicos —, isto é, que têm uma finalidade — articulados entre si, à medida em que requer indivíduos que partilhem de um conjunto de noções, valores e crenças subjetivas igualmente comuns, de modo que possam ser movidos por uma vontade coletiva.[11] Dessa maneira, o debate entre ética, política e profissão é parte de uma *prática*

---

11. COUTINHO, C. N. *Gramsci. Um estudo sobre o seu pensamento político*. Rio de Janeiro: Campus, 1989.

SERVIÇO SOCIAL E ÉTICA

social voltada para a criação de novos valores, que é também o processo de criação de uma nova hegemonia no quadro das relações sociais. Ele não pode ser isolado da criação de novos sujeitos coletivos, da formação de uma vontade política voltada para a construção de novas relações sociais, onde tenha lugar a constituição de uma *livre individualidade social,*[12] libertando o homem das travas da alienação no processo social da vida.

Uma vez estabelecidos os contornos do debate, importa refletir sobre o significado deste momento de aprovação de um novo Código de Ética na trajetória histórica do Serviço Social. E, mais especificamente, como nesta trajetória vem se explicitando o dilema da *segmentação entre conhecimentos e valores,* alimentando na cultura profissional *uma crítica romântica à sociedade capitalista,* que se busca superar nos anos mais recentes.

Sabe-se que o Serviço Social surge e se desenvolve nos marcos do pensamento conservador,[13] como um estilo de pensar e agir na sociedade capitalista. A profissão nasce inclusive no bojo de um movimento social de cunho reformista conservador. Nossa herança intelectual foi marcada pela doutrina social da Igreja e pelo moderno conservadorismo europeu nas suas origens, incorporando mais tarde a sociologia funcionalista norte-americana, de raiz fortemente empirista. Esse arranjo teórico-doutrinário foi o fio que percorreu o tradicionalismo profissional, com coesão tanto das interpretações da sociedade como do campo dos valores norteadores da ação.

---

12. MARX, Karl. *Elementos fundamentales para la crítica de la economía política. (Grundrisse) 1857-1858.* México: Siglo XXI, 12 dez. 1980.

13. Em outro momento já desenvolvi o tema do conservadorismo no Serviço Social. Ver IAMAMOTO, M. V. *Renovação e conservadorismo no serviço social*: ensaios críticos. São Paulo: Cortez, 1992. A mesma questão é retomada no trabalho citado, base da presente conferência. Cf. Id. O debate contemporâneo da reconceituação: ampliação e aprofundamento do marxismo. Op. cit.

Como pensar, então, as relações entre as dimensões: do conhecimento e a dos valores ao longo do desenvolvimento histórico do Serviço Social?

Por uma parte, o Serviço Social tendeu a aceitar como um *dado a sociedade* capitalista e suas desigualdades sociais, procurando atenuar, ainda que minimamente, os contrastes reais. Partindo do pressuposto de que o ordenamento capitalista é *natural*, caberia à profissão nele integrar os indivíduos e atenuar os *excessos* da exploração do trabalho. A essa visão naturalizada da sociedade acoplou-se o *campo dos valores calcado na filosofia metafísica — especificamente o neotomismo —*, alimentando um programa para a sociedade que preconizava *reformas parciais ao nível dos indivíduos, grupos e comunidades na defesa da pessoa humana, do bem comum, do desenvolvimento integral.*

Essa bagagem, recebida pela nossa história, conduziu a uma crítica marcadamente romântica da sociedade capitalista. Nas origens do Serviço Social do Brasil, as críticas ao ordenamento social instituído não estavam ausentes, mas o teor da crítica era balizado por claros componentes anticapitalistas românticos, sintonizados no passado perdido e não na ultrapassagem do presente como alimentadora da construção do futuro. Porém, rapidamente o Serviço Social adere à sociedade industrial, dela procurando eliminar "os perigos que a revolucionam e a dissolvem", aderindo à "reforma administrativa" e à "filantropia do Estado", que sustentam, em última instância, que "os burgueses são burgueses em benefício da classe operária".[14] *A crítica moralizadora da vida social — contrapartida de sua naturalização — reforça os pilares de sua sustentação.*

---

14. As expressões em destaque encontram-se presentes na análise do socialismo reacionário contido em MARX, K. Manifesto do Partido Comunista. In: _____; ENGELS, F. *Textos*. São Paulo: Ed. Sociais, 1977. v. 3, p. 38-9.

SERVIÇO SOCIAL E ÉTICA

O que se pretende com tais considerações é sustentar que nossa herança histórica tendeu a uma segmentação entre o campo do conhecimento e dos valores consubstanciada em uma visão determinista e a-histórica norteadora da análise da sociedade, *paralela e sobreposta* aos princípios de uma liberdade abstrata do indivíduo, vista como "valor interior", compatível com a obediência à autoridade, a submissão à ordem.[15] Instaura-se um *paralelismo* entre uma *visão resignada da sociedade, encoberta*, no campo dos valores, *e uma visão subjetivista e abstrata do indivíduo isolado e de sua liberdade.*

A hipótese é de que o movimento de reconceituação recoloca, com *sinal trocado*, aquela segmentação entre conhecimentos e valores. As mesmas antinomias entre determinismo e liberdade, estrutura e sujeito, conhecimento e valor reaparecem com novas e progressistas roupagens na reconceituação, que mantém, por intermédio delas, um elo de ligação com o passado profissional.

O movimento de reconceituação representou a primeira aproximação do Serviço Social a uma tradição cultural estranha ao seu desenvolvimento, a tradição marxista. Esta chega ao universo do Serviço Social por meio de duas "portas de entrada": pela prática política de segmentos profissionais e estudantes e informada pela vulgarização marxista, portadora de um universo teórico radicalmente eclético, onde o maior ausente era o próprio Marx; por um "marxismo" que veiculava uma visão fatorialista e evolucionista da história.

Como reaparece aí o dilema da relação entre conhecimento e valores? Por um lado tem-se uma leitura determinista e mecânica da transformação social em que a evolução

---

15. MARCUSE, Herbert. *Razão e revolução*. Rio de Janeiro: Paz e Terra, 1978.

das forças produtivas se chocaria necessariamente com as relações sociais de produção, desdobrando-se num processo de transformação social, de irrupção revolucionária, mais além da ação dos sujeitos sociais. Por outro, acoplada a tal visão de mudança das estruturas sociais corre paralela e sobreposta uma visão voluntarista no que tange à ação dos sujeitos. Superestima-se, contraditoriamente, o papel da ação humana e das forças subjetivas no processo social de mudança, o que no Serviço Social se traduziu como uma sobrevalorização idealizada das possibilidades revolucionárias da profissão, confundida com a militância política. Em outros termos, à visão determinista e fatalista da transformação no campo da estrutura social se soma uma visão subjetivista no campo dos valores, que conduzem a uma ação político-profissional idealizada e messiânica. *Recoloca, assim, sob novas bases, um velho e mesmo dilema: a segmentação entre estrutura e sujeito, determinismo e liberdade, conhecimento e valores.* Os pontos comuns que viabilizam a reiteração desses dilemas presentes no processo de desenvolvimento do Serviço Social e que reaparecem, ainda que com sinal trocado, nas primeiras aproximações do Serviço Social às heranças do Marx, tem sido a *desconsideração da história somada, nesse período, a um esvaziamento da riqueza analítica do pensamento do autor, travestido por uma lógica positivista.*

Tal problemática repercute fortemente no Código de Ética de 1986.[16] Ele surge no Brasil em um momento em que o Movimento de Reconceituação latino-americano já havia feito sua crítica, que não é por ele incorporada. O Código de

---

16. Para uma análise do Código atual frente ao de 1986, conferir o texto, já publicado, de BARROCO, M. L. Informe: o novo Código de Ética Profissional do Assistente Social. In: *Serviço Social & Sociedade*, São Paulo, Cortez, n. 41, p. 158-62, 1993.

Ética de 1986 emerge como uma expressão *tardia* do debate da reconceituação. Representou uma importante *ruptura política* com o tradicionalismo profissional: expressa um compromisso ético-político de construção de uma prática articulada àqueles que participam da sociedade por intermédio de seu trabalho, *propugnando eticamente o compromisso com a classe trabalhadora e, neste sentido, rompendo com o mito da neutralidade profissional*. Representou, pois, um passo importante diante da visão de homem herdada de nossa trajetória profissional. Mas também teve os seus limites, apresentando certo anacronismo diante do próprio debate brasileiro sobre o Serviço Social. Subjaz ao Código de 1986 uma visão das relações sociais tomadas como dualidade e não como contradição. Ora, são as contradições essenciais que atravessam e constituem as relações sociais na era capitalista — consubstanciada paradigmaticamente na relação capital e trabalho —, que permitem pensar o caráter contraditório da prática profissional, na época já salientado por parcela da literatura profissional no país e na América Latina.[17] Caráter contraditório derivado do fato de que as classes sociais com interesses antagônicos só existem em relação, pela mútua mediação entre elas, reproduzindo-se mutuamente.

O processo de trabalho do assistente social é radicalmente polarizado por tais interesses de classes, que se recriam contraditoriamente além da intencionalidade dos sujeitos individuais, não podendo ser "eliminados" das condições de trabalho do profissional. Como trabalhador assalariado, o assistente social é contratado predominantemente pelo Esta-

---

17. Cf., por exemplo, VV.AA. *Trabajo social en América Latina. Balance y perspectivas*. Lima: Celats, 1993, traduzido em 1985 sob o título: *Serviço social crítico*: problemas e perspectivas. São Paulo: Cortez/Celats, 1983. IAMAMOTO, M. V.; CARVALHO, R. *Relações sociais e serviço social no Brasil*. São Paulo: Cortez/Celats, 1982.

do e por empresários — tendo no patronato o seu principal empregador —, para atuar junto aos vários segmentos de trabalhadores, por intermédio da mediação de organizações atuantes no campo das políticas sociais públicas e empresariais, geralmente articuladas à órbita do poder econômico, político e cultural, por meio das quais são recriados aqueles interesses divergentes.

É interessante observar que no momento em que se buscava salientar o caráter contraditório das políticas sociais públicas e do Serviço Social — no sentido de atender a demandas tanto do capital como do trabalho, ainda que não homogeneamente, expressando a condensação de forças contidas nas relações sociais —, o código repõe uma visão dualista das relações econômicas e de poder e o compromisso político com a classe trabalhadora como única alternativa para uma categoria profissional heterogênea, social e politicamente.

Em síntese, subjacente ao Código de Ética de 1986 identifica-se uma velha armadilha já denunciada por Lukács: *uma ética de esquerda e uma epistemologia de direita*. Enquanto a órbita da interpretação teórica da sociedade era presidida por uma análise dualista, de corte positivista, na órbita do dever ser emergia uma intencionalidade política de compromisso com a classe trabalhadora e com a ultrapassagem do ordenamento social instituído, veiculada na prática profissional quotidiana numa linguagem mais próxima da militância do que de um trabalho profissional.

Assim, o grande desafio que este debate sobre os fundamentos éticos do fazer profissional nos coloca hoje é romper com as referidas dicotomias, buscando integrar os fundamentos teórico-metodológicos e éticos, tal como indicado na proposta do código em discussão. No que se refere aos *fundamentos* que o informam, alguns elementos merecem destaque. Em primeiro lugar, o reconhecimento do Serviço Social como *profissão* — distinta da militância, ainda que portadora de uma necessária dimensão política —, que congrega em seu interior perspectivas societárias distintas. Preconiza-se o *pluralismo*,[18] *o respeito às correntes políticas de cunho democrático aí presentes e suas expressões teóricas*, visto que no amplo campo democrático convivem diversos projetos sociais em luta por sua hegemonia.

Em segundo lugar, dentre os fundamentos éticos do exercício profissional o Código vem embasado em *uma visão histórico-ontológica do homem como ser prático-social*, dotado de liberdade, que tem no trabalho sua atividade fundante. Ultrapassando a visão tradicional de uma essência humana abstrata e atemporal, pauta-se por uma visão de homem que, por meio de sua atividade criadora — cuja expressão privilegiada é o trabalho —, produz-se a si próprio na relação com outros homens, como um ser histórico-social, distinto da natureza, submetendo-a a suas finalidades e necessidades. O homem como um ser dotado de liberdade, capaz de criar, de antecipar objetivos, fazer escolhas e dar respostas, criando e recriando a vida social. Nesse processo os homens constroem não apenas as bases materiais da vida em sociedade, mas se constroem enquanto subjetividade atuante no processo social. É nesse veio que se coloca a liberdade "no coração da ética". *A liberdade, parceira da equidade e da justiça, daí decorrendo a defesa da autonomia e da plena expansão dos indivíduos sociais, o que conduz à defesa dos direitos humanos e à recusa aos arbítrios e todos os tipos de autoritarismos.*

---

18. Cf. a respeito do pluralismo, COUTINHO, C. N. Pluralismo: dimensões teóricas e políticas. In: VV.AA. Ensino em Serviço Social: pluralismo e formação profissional. *Cadernos ABESS*, São Paulo, Cortez, n. 4, p. 5-17, 1991.

Como devemos pensar a realização desses valores na sociedade presente?

Essa visão dos valores que fundamentam o exercício profissional necessita ser historicizada nos quadros macroscópicos da sociedade atual. Em outros termos, pensar que a realização daqueles valores na sociedade capitalista é presidida por um dilema: o reconhecimento da liberdade, da reciprocidade e da igualdade formal no plano jurídico, ao mesmo tempo em que são negadas na vida prático-social, onde as relações sociais não são fundadas na igualdade, onde os homens não são inteiramente livres. Uma sociedade que anuncia a igualdade e a liberdade, mas que carrega em si a impossibilidade de sua realização radical para todos os indivíduos sociais. Assim, caminhar na concretização daqueles fundamentos é também caminhar na direção da transformação da prática social, implicando a construção de novos valores e de uma contra-hegemonia na vida social. A busca da realização prática e efetiva daqueles valores no processo histórico aponta, ao mesmo tempo, para a superação dos limites e constrangimentos da igualdade e da liberdade possíveis na ordem burguesa. É nessa direção que o Código de Ética preconiza a defesa do aprofundamento da *democracia, enquanto socialização da participação e do poder político e da riqueza socialmente produzida*. Nesta perspectiva, implica a defesa intransigente da cidadania, capaz de estender-se tanto àqueles que criam a riqueza e dela não se apropriam, quanto aos excluídos do mercado de trabalho, preservando e ampliando os direitos civis, sociais e políticos do conjunto dos trabalhadores. Em outros termos, situa o projeto profissional em um horizonte solidário com a constituição histórica de *indivíduos sociais livres*.

Esses são alguns dos grandes saldos do debate coletivo que vem sendo travado sobre os fundamentos éticos do exercício profissional.

SERVIÇO SOCIAL E ÉTICA

Concluindo, gostaria de expressar uma preocupação que é, ao mesmo tempo, um desafio: o desafio de concretizar, na vida prática, uma nova ética na profissão e na sociedade, articulada à luta pela construção de uma nova hegemonia na cena social. Tal desafio aqui defendido por todos tem que se deslocar do campo da abstração e transitar para a delimitação de objetivos prático-estratégicos. E hoje a categoria profissional se defronta com a radicalidade da questão social; com a necessidade de participar e investir na construção de propostas de políticas sociais públicas para o enfrentamento dos alarmantes níveis de miséria que vêm afetando parcelas cada vez mais expressivas da população brasileira. Esta situação, que vem mobilizando segmentos significativos da sociedade civil — assim como tênues iniciativas por parte do Estado —, requer a nossa presença. Os assistentes sociais têm que ter algo a dizer, visto que *a defesa da igualdade, da liberdade e da justiça passa pela defesa da própria vida humana*. Aproprio-me das palavras de Marx, que já sustentava que "o primeiro pressuposto de toda a existência humana, e, portanto, de toda a história é que os homens devem estar em condições de viver para 'poder fazer história'. Mas, para viver, é preciso, antes de tudo comer, beber, ter habitação, vestir-se e algumas coisas mais. O primeiro ato histórico é, portanto, a produção de meios que permitam a satisfação dessas necessidades, a produção da própria vida material".[19]

O Serviço Social deve traduzir os seus compromissos éticos na busca de elucidação e na construção de propostas coletivas alternativas para a crise de longa duração que vem atravessando a sociedade brasileira, cujo enfrentamento no marco das propostas neoliberais vem resultando no agrava-

---

19. MARX, K.; ENGELS, F. *A ideologia alemã (Feuerbach)*. São Paulo: Livraria Ciências Humanas/Grijalbo, 1977. p. 39.

mento da profunda degradação da vida humana. Enquanto categoria profissional, temos a responsabilidade cívica e política de nos somarmos a outras entidades da sociedade civil, a outros profissionais na direção indicada, de maneira que o anúncio de valores éticos que regem a prática profissional não se transforme apenas em declaração de belas intenções. Sendo aqueles valores fundamentais, eles devem se traduzir em propostas e ações acadêmico-profissionais e políticas voltadas para o conhecimento e enfrentamento da "questão social" hoje, tal como se mostra em suas particularidades na sociedade brasileira do presente, construindo, aí, as perspectivas do futuro.

2

A ÉTICA PROFISSIONAL NOS ANOS 1990: CONTRIBUIÇÕES AO 7º CBAS

2.1 ALGUMAS CONSIDERAÇÕES SOBRE ÉTICA E VALOR

*Beatriz Augusto de Paiva**

"A liberdade é a fonte de onde brotam
todos os significados e todos os valores."

Simone de Beauvoir

1 — Pensar a questão da ética profissional e do Código do Assistente Social exige o exame de algumas premissas teórico-filosóficas e, consequentemente, políticas, acerca da significação dos valores éticos tidos como essenciais.

Um dos elementos a ser afirmado refere-se à distinção feita por Hegel, e que me parece esclarecedora, entre ética e

---

* Mestranda em Serviço Social e professora do Departamento de Serviço Social da UFF, quando da realização do 7º CBAS (maio de 1992).

moral. A ética constitui o momento objetivo da vivência e da experiência dos valores; consiste, assim, no conjunto de valores que são criados por determinada comunidade. Nesse sentido, a moral expressaria o momento subjetivo de um comportamento ético; em outras palavras, moral seria a capacidade do indivíduo de formular suas próprias opiniões e pautas de comportamento (com base nos valores éticos estabelecidos) e optar por aquele que considerar mais correto e justo.

Não se trata apenas de discutir os valores vigentes, mas também de contribuir para a criação de novos valores éticos mais condizentes com as exigências de moralidade. Antonio Gramsci nos ajuda a pensar essa questão ao trabalhar o conceito de hegemonia, articulando a noção de concepção de mundo: "A compreensão crítica de si mesmo ocorre através de uma luta de hegemonias políticas, de direções contrastantes, primeiro no campo da ética, depois da política, para chegar a uma elaboração superior da própria concepção do real".[1]

Ao articular a ética como um espaço no interior da luta pela hegemonia, Gramsci nos coloca diante de outra premissa, a nosso ver fundamental: a de considerarmos a ética, a moral e os valores como um fenômeno concreto e histórico que é, desta forma, objetivado e subjetivado no cotidiano social, ou seja, a discussão da ética e as preocupações com os valores e com a moral correspondem a processos sócio-históricos concretos, e a contemporaneidade dessa questão, que tem mobilizado os mais diferentes setores da sociedade, é um elemento elucidador dessa proposição.

---

1. GRAMSCI, Antonio. Apud COUTINHO, C. N. *Gramsci*: um estudo sobre o seu pensamento político. Rio de Janeiro: Campus, 1989. p. 64.

Se acompanharmos certos caminhos percorridos pela humanidade, poderemos identificar alguns paradigmas em torno da questão do valor, concepção central a qualquer formulação sobre o problema da ética e da moral.

No pensamento antigo e medieval, o universo de valores é dado previamente, como algo que antecede o indivíduo. Na Grécia clássica, este sistema de valores é constituído na *pólis* pelo mundo ético (*ethos* = *costume*), na qual o valor central é a felicidade, entendida como a busca teórica e prática da ideia do bem, que para os gregos estava organicamente vinculado à participação nos negócios públicos, no exercício da cidadania. Como para os gregos a dimensão privada é estreitamente articulada com a dimensão pública, eles não conhecem a distinção entre ética e moral. A afirmação do indivíduo contra a *pólis* é vista como um desvio que deve ser punido com o exílio e até a morte. Embora essa formulação tenha inibido a explicitação da dimensão individual na construção dos valores, tem um inegável mérito de destacar a dimensão coletiva da ética.

Ao contrário da Grécia, onde a anterioridade dos valores é mundana, imanente, no mundo medieval essa anterioridade é transcendente. Consiste no conjunto de normas impostas pela religiosidade católica. O objetivo da vida não é mais a felicidade (que nos gregos tinha uma clara dimensão pública), mas sim a salvação individual. A existência ética, mesmo quando implica obrigações comunitárias — amor ao próximo, caridade, abnegação, fraternidade —, tem como referência prioritária a preparação da redenção do indivíduo após a morte. A plena realização humana, obtida pelo cumprimento dos valores, só se daria, portanto, no mundo supraterreno, no reino do céu. Foi essa concepção, na sua vertente neotomista, que determinou a formação filosófica e ética do Serviço Social, no Brasil, até a década de 1970.

O desenvolvimento do mundo moderno, que se inicia no renascimento e se consolida na sociedade industrial — marcada pela progressiva dominação burguesa — coloca em xeque a concepção teocêntrica do universo. O mundo dos valores concentra-se na liberdade individual, na autonomia da razão calculadora, tendo como critério prioritário a utilidade. Na sociedade burguesa, fundada no mercado, a realização mundana do indivíduo passa a ser o valor ético central. Esse individualismo — que estabelece a autonomia do sujeito, concebe o trabalho apenas como modo de realização pessoal, enaltece a propriedade privada, enaltece o saber como forma de domínio da natureza e dos outros homens — reduz a liberdade ao livre-arbítrio. O caráter coletivo ou transcendente do mundo ético cede lugar ao predomínio do interesse individual, centrado na competitividade, na realização privada, na felicidade estritamente pessoal.

Se essa é a tendência dominante na modernidade, cabe registrar o surgimento de paradigmas alternativos, que, sem negar a importância da individualidade no mundo dos valores, buscam valorizar a dimensão coletiva. O materialismo histórico, inspirando-se em Hegel, propõe uma ligação orgânica entre a ética, a história e a política. O agir ético do homem tem que se concretizar em determinada sociedade, numa ordem política historicamente constituída, na qual são criadas as possibilidades da realização de valores ao mesmo tempo individuais e coletivos. A construção do indivíduo social é um dos objetivos das preocupações teóricas de Marx. Para ele, a ordem social mais adequada à realização da eticidade é aquela na qual "o livre desenvolvimento de cada um é a condição necessária para o livre desenvolvimento de todos".

SERVIÇO SOCIAL E ÉTICA

Poderíamos dizer que a proposta da utopia socialista consiste na síntese dialética entre a firmação do indivíduo como fonte de valores e a retomada da dimensão sociopolítica da eticidade, sem a qual a liberdade é reduzida ao livre-arbítrio individual, ou seja, não se realiza plenamente.

2 — Como o marxismo entende a questão do valor? Segundo Agnes Heller, valor é "tudo que produz diretamente a explicitação da essência humana, ou aquilo que é condição para tal explicitação". Ainda de acordo com a autora, os componentes da essência humana seriam: o trabalho (a objetividade), a sociabilidade, a universalidade, a consciência e a liberdade. Portanto, valor é "a realização gradual e contínua das possibilidades imanentes à humanidade".[2]

A ética é a referência valorativa que estabelece os parâmetros das relações dos indivíduos com a sociedade. Ela se preocupa com as formas de resolver as contradições entre necessidade e possibilidade, tempo e eternidade, individual e coletivo, interesses econômicos e valores morais, corporal e psíquico, natural e cultural, razão e desejo. Todos os problemas que surgem na esfera da ética são determinados por contextos históricos específicos e, consequentemente, os valores existem independentemente das avaliações dos indivíduos, mas não das atividades dos homens, pois eles são expressão de relações e situações sociais.

Tomemos um exemplo. Como surge a liberdade enquanto valor? É na moderna sociedade capitalista que a questão da liberdade individual se coloca como um problema. No mundo moderno, o homem não mais se insere de modo incondicional e natural em dada situação: já não é mais, como

---

2. HELLER, A. *O cotidiano e a história*. Rio de Janeiro: Paz e Terra, 1985. p. 4.

no mundo grego, naturalmente inserido na sua *pólis*, nem, como na Idade Média, inserido numa estratificação social dada previamente, onde quem nasce nobre morre nobre e quem nasce servo morre servo.

No capitalismo, ainda que apenas como uma possibilidade, o homem pode escolher seu trabalho, sua religião, sua cidade, seus costumes. Embora saibamos que as relações sociais e as leis de mercado bloqueiam perversamente essa possibilidade, nem por isso podemos ignorar que houve um progresso em direção à liberdade humana.

O marxismo, portanto, considera a ética como uma práxis, como algo que só se efetiva por intermédio da ação criadora do homem na sociedade. Nesse sentido, a ética deve se orientar a partir de duas referências prioritárias, que articulam as exigências do mundo antigo e do mundo moderno:

a) o projeto e o processo dos indivíduos em direção à liberdade e à autonomia, rompendo com os condicionamentos naturais e com a alienação social;

b) a construção de uma sociedade que, fundamentando-se efetivamente em valores igualitários e libertários, assegure a plena expansão dos indivíduos sociais.

3 — Para os assistentes sociais, cabe pensar a problemática da ética não só como uma questão teórico-política mais abrangente, mas, também, como uma questão que atinge diretamente o seu cotidiano profissional. As contradições vividas na prática, que se confrontam com algumas imprecisões e equívocos constatados no Código de 1986, precisam ser enfrentadas e discutidas. Atuamos num espaço de atendimento de direitos, o que nos coloca, necessariamente, diante da questão da cidadania — um valor decisivo no mundo contemporâneo —, cuja plena realização se identifica com o projeto profissional e político com o qual estamos comprometidos.

Cabe recordar a clássica teoria da cidadania formulada pelo sociólogo inglês T. H. Marshall, segundo a qual a cidadania é o conjunto de direitos que visam ampliar a igualdade social e a participação no que ele chama de herança social. A cidadania se desdobraria, então, em três conjuntos de direitos: civis (ir e vir, opinião, propriedade e trabalho); políticos (votar e ser votado); sociais (desfrutar de um mínimo de bem-estar assegurado pela coletividade).

A realidade do capitalismo demonstrou, no entanto, que essas três ordens de direitos revelam contradições em sua realização. A ideologia e a prática liberais, por exemplo, opuseram-se e ainda se opõem não só à plena consecução dos direitos sociais, mas, também, a dos direitos políticos (a conquista do sufrágio universal, por exemplo, resultou da luta dos trabalhadores). Os direitos políticos e sociais, conquistados pelas classes trabalhadoras, revelaram-se, em última instância, como uma potencial ameaça ao capitalismo. A plena explicitação desses direitos contrapõe-se aos interesses das classes dominantes, já que apontam para a possibilidade de uma sociedade igualitária e libertária. Esse combate à realização da cidadania não é um fato passado, como podemos comprovar nas propostas neoliberais de hoje, que se empenham em reduzir os direitos sociais e, se necessário e possível, os direitos políticos.

Portanto, a luta pela democracia — pela expansão e consolidação da cidadania — continua a ser uma tarefa primordial para toda a sociedade e, como tal, também para os assistentes sociais. Em particular, cumpre-nos uma colaboração efetiva nesse processo na luta pela manutenção e ampliação dos direitos sociais e políticos das classes trabalhadoras, e por ampla redefinição de cidadania. Com isso, os assistentes sociais estarão contribuindo para a criação de novos valores éticos, centrados efetivamente na liberdade e na justiça social.

Nessa medida, torna-se urgente o esforço comum em direção a um debate fecundo sobre o Código de Ética de 1986. É preciso instigar e comprometer o maior número possível de assistentes sociais de todos os setores e correntes, para que estejam atentos ao problema da ética no nosso exercício profissional.

2.2 QUEM TEM MEDO DA ÉTICA?

Mione Apolinario Sales*

O debate profissional no Serviço Social, hoje, aponta a necessidade de reformulação do Código de Ética, o que exige, a meu ver, o aprofundamento da compreensão acerca do seu papel. Cabe, desde já, portanto, caracterizá-lo como um parâmetro no que se refere à prática institucionalizada dos assistentes sociais, mas que não chega a se esgotar nos seus aspectos normativos. Tal afirmação requer, consequentemente, a indicação de argumentos que recuperem a polêmica sobre o lugar da ética e da moral.

Algumas pistas teóricas

Cumpre situar, nesse sentido, a defesa que o pensamento conservador realiza, amparado em Durkheim,[3] acerca das corporações, enquanto agrupamentos profissionais fundados

---

* Mestranda em Serviço Social, no momento da realização do 7º CBAS; professora da Faculdade de Serviço Social da Universidade do Estado do Rio de Janeiro.

3. Cf. DURKHEIM, Émile. Prefácio da 2ª edição. In: _____. *Da divisão do trabalho social*. São Paulo: Abril Cultural, 1973. (Col. Os Pensadores, n. 23.)

no dever de elaborar e assegurar uma moral e um direito profissionais. Segundo essa concepção, as corporações teriam como finalidade a instituição de regras, com vistas à formação de hábitos, justificando-se, inclusive, a arma da coação. Seria preciso, assim, a construção de uma "potência moral", que instigasse nos indivíduos o respeito e a disciplina, provocando, num somatório geral de atitudes, a coesão social e culminando na manutenção da ordem.

Eis aí uma leitura da moral como esfera autônoma a exercer uma pressão exterior sobre os indivíduos na perspectiva de um comportamento adequado, e, em função disso, com capacidade para dirimir os conflitos, coibir os abusos individuais, pondo fim ao "estado de anomia" na sociedade. Nesse caso, a ética tradicional propõe o reordenamento das relações sociais, sobretudo as de recorte econômico (patrões *versus* empregados), dando um arremate final e legal ao estabelecido, por meio do coroamento filosófico da defesa do *status quo*, e, para tanto, assumindo um viés controlador, normativo e, por que não dizer, inquestionável. Conforme Jurandir Freire Costa, ao discorrer sobre a moral:

> uma cultura conservadora é aquela que não tolera as condutas socialmente desaprovadas e procura impedir que os indivíduos conheçam o que se considera moralmente transgressor ou desviante. A moral conservadora é basicamente negativa e voltada para a defesa da tradição, sua maior expressão é o moralismo, a atitude intolerante que busca justificar o *status quo* e correndo ao argumento de que o que é tem que continuar sendo, pois assim ordena a "natureza" ou a "vontade" divina.[4]

---

4. FREIRE COSTA, Jurandir. O governo dos sexos. *Jornal do Brasil*, 11 nov. 1990, Rio de Janeiro.

Na vertente crítico-dialética, a ética não possui esse caráter formal. Está indissociavelmente ligada a todas as expressões da vida do ser social, marcada pelos atos cotidianos dos indivíduos e, portanto, por sua dimensão prática.[5] Enquanto reflexão, a ética debruça-se sobre o real, que tem como pressuposto a materialidade da existência social humana, no sentido de entendê-lo, porém sem se limitar a ele. Implica, pois, o desvendamento do presente, mas também o vislumbre de novas relações. A ética ultrapassa, desse modo, o imediato, o conjuntural e o passageiro; chega a oferecer pistas e apontar o leque de possibilidades que se coloca nas situações, todavia nunca oferece certezas, soluções práticas para cada situação. Isto porque a tomada de decisão, a escolha diante dos problemas e alternativas é, em última instância, sempre de ordem individual/moral, bem como a responsabilidade pelas consequências decorrentes das atitudes. Não obstante, todo ato moral supõe uma relação social — com o outro, com grupos ou com a comunidade, dizendo respeito a este(s) em seus desdobramentos. Os indivíduos buscam, então, orientação para agir de acordo com determinadas *normas*, *princípios* ou *ideias*, de organização e influência variáveis, devido à época e ao tipo de formação social, e, também, em função da posição que aqueles ocupam no processo de produção, enquanto um dos elementos centrais constituintes do seu modo de vida.[6]

Perfilam-se, dessa forma, as diferenças entre as abordagens funcionalista e marxista, em torno da negação ou compreensão da proposição de que quando não se deixa margem

---

5. Para um estudo mais profundo sobre o lugar da ética no marxismo, ver HELLER, Agnes. *O cotidiano e a história*. 3. ed. Rio de Janeiro: Paz e Terra, 1989.

6. VÁSQUEZ, Adolfo Sanchez. *Ética*. 8. ed. Rio de Janeiro: Civilização Brasileira, 1985.

de liberdade e opção para os indivíduos, numa inteira normatização do seu comportamento, fere-se a possibilidade do ato moral, uma vez que estes ficam privados do convencimento interno e intransferível acerca do *dever ser*. A ética, de acordo com a leitura lukacsiana de Cristiane Marinho, tem sua existência vinculada à complexidade da relação homem *versus* homem e, dentro da acepção marxiana do devir histórico, necessariamente incorpora a necessidade da liberdade, "enquanto pluralidade de liberdades em complexos humanos".[7]

A ética hoje

As preocupações éticas tomam conta, hoje, de vastos segmentos da sociedade civil brasileira, paradoxalmente ao que se difundiu como "perda das utopias" no Ocidente desenvolvido e que se aproxima a passos largos da latino-americanidade. Os dramas sociopolíticos e culturais daí decorrentes não encontram explicação apenas na última década, mas se relacionam à própria dificuldade da razão moderna em fundar uma ética compatível com as forças empreendedoras e contraditórias da socialidade burguesa. Limites e insuficiências no tocante às formulações e parâmetros de natureza ético-moral também foram evidenciados nas experiências do chamado "socialismo real", resultando em queda, desesperança e medo no seio das suas populações. Na análise de Maria Rita Kehl, a atmosfera cultural que se instaura a partir desses fatores, mediante a falência de projetos societários e do aparente esgotamento de alternativas vinculadas aos ideais utópicos, é de medo:

---

7. MARINHO, Cristiane. Investigação sobre os pressupostos de uma ética marxiana. Belo Horizonte: UFMG, 1990. (Mimeo.)

Temos medo do passado recente, um passado caracterizado pela derrota do melhor que a imaginação moderna pôde conceber (sexo, progresso, socialismo etc.) e que por isso mesmo representa uma ferida aberta no narcisismo de todos nós...[8]

Como se pode adivinhar, pois, não é tarefa fácil para uma categoria profissional realizar mudanças no seu Código de Ética (não pelo menos sem traumas), sobretudo se se pretende adequá-lo, o que é diferente de limitá-lo, a uma realidade tão controversa. Em termos de Serviço Social, entretanto, conquistas substantivas já se processaram ao serem ultrapassados os valores eternos e imutáveis da *pessoa humana* e do *bem comum* representativos de uma ética universal abstrata e absoluta. Vale ressaltar que esta última se caracteriza por deixar a moral histórica e efetiva de determinada sociedade à margem do esforço de entendimento e superação dos entraves prático-morais por parte dos indivíduos.

A ultrapassagem de que aqui se fala aconteceu por ocasião da reformulação do Código de Ética Profissional dos Assistentes Sociais de 1975 — herdeiro e mantenedor, em certa medida, numa linha de continuidade, da moral profissional preconizada desde 1947. Seria, então, mais apropriado falar em *ruptura* com o Código de 1975, o qual era marcado por referências à "harmonia", "estabilidade", "correção dos desníveis sociais" e "neutralidade do técnico", bastante pertinentes à adesão político-profissional dos setores hegemônicos do Serviço Social, nos anos 1970, à autocracia burguesa, ou melhor, à ditadura militar.

Em seu lugar, surge o Código de Ética Profissional de 1986, hoje submetido ao balanço e avaliação do conjunto dos

---

8. KEHL, Maria Rita. A razão depois da queda (utopia e psicanálise). In: FERNANDES, Heloísa R. *Tempo do desejo*. São Paulo: Brasiliense, 1991. p. 42.

assistentes sociais, pelas suas entidades representativas — CFESS, ABESS, ANAS e Sessune. Nesse sentido, há que se indagar: qual o novo significado ético apontado por esse Código e quais os seus limites?

Num primeiro momento, é necessário ressalvar quanto a esse Código, sem o esquivar da crítica, a sua duração de apenas cinco anos. Assim, qualquer consideração excessivamente pouco tolerante e impaciente em relação a ele tem que ponderar sobre o lastro de cinquenta anos de prática profissional que lhes são anteriores, operadores de sulcos muito profundos na imagem e na substância do Serviço Social. A meu ver, o Código de 1986 exige sérias modificações e acréscimos, porém cumpre inicialmente situá-lo, a fim de compreendê-lo melhor em suas "boas intenções" ("más", para alguns).

Uma nova concepção de *homem* é por ele inaugurada, alargando-se os horizontes éticos do Serviço Social, na medida em que se afirma o caráter desse homem enquanto ser histórico, social, prático e criador; com isso, deixa de ser percebido como sendo determinado pela vontade e autoridade divinas. Desconcertando as opiniões formadas sobre a profissão, tem-se, a partir de tal construção ética e normativa, mais do que a sinalização do papel e da iniciativa histórica do homem "em geral", o posicionamento a favor da *classe trabalhadora*. A proposta era privilegiar, no "triângulo amoroso" da legitimidade profissional, o *usuário* — sempre colocado em segundo plano —, o qual não deve ser entendido apenas como "vítima", uma vez que possui também trunfos institucionais, políticos, pessoais e coletivos; logo, não se tratava de pieguice.

Apesar do tom voluntarista que envolveu essa decisão, ou mesmo da aura revolucionária que parecia cercar essa conquista para seus defensores e não obstante, também, a antipatia político-ideológica que invadia os seus já opositores, o reconhecimento do usuário e dos seus direitos pelo Serviço Social foi, no fundo, uma exigência da sociedade civil em sua luta pela democracia e cidadania. Tratava-se de pressionar para que, pelo menos os farelos do bolo do "milagre brasileiro" — leia-se políticas sociais — chegassem às mãos dos despossuídos. O discurso em prol dos trabalhadores no Código de 1986 soa quase um jargão. Mas é compreensível que, naquele contexto da sociedade brasileira recém-saída da ditadura, os seus termos fossem contundentes quanto à defesa dos direitos dos cidadãos (ou seus aspirantes) e aos deveres do Estado, até porque a profissão inaugurava um claro posicionamento ético-político em favor dessa direção social.

Sem dúvida, é um documento muito datado, ou seja, possui um traço conjuntural muito forte, prendendo-se ao imediato da realidade brasileira e, com isto, perdendo em eficácia, ao não atentar para a totalidade da prática profissional do assistente social. Os seus problemas não advêm, contudo, *ipso facto*, da *direção social* que nele comparece hegemônica, inclusive porque os demais códigos também apresentavam uma: primeiro, neotomista (1947 e 1965); depois, uma combinação de neotomismo com funcionalismo (1975).

Em 1992, quando se tem em pauta o processo de reformulação do Código de 1986, cabe, de acordo com a indicação de Kehl, "aprender com a experiência. Só a experiência elaborada, refletida, pode nos modificar. Quando a experiência fica congelada, à maneira clássica do trauma freudiano, banida da consciência, sentimos medo da história...". Isto implica abandonar a aparência doutrinária ali preponderante e reivindicar o espírito vivo e dialético das alianças efetivadas com o real. A exemplo disso, vê-se que a sociedade brasileira, num cenário onde se prega a decadência do *público* e onde grassa a corrupção, solicita uma atitude séria e responsável com a coisa pública (diferente de *cosa nostra*) por parte de todos os profissionais, e um aprofundamento da sua democratização político-institucional e socioeconômica, como forma de se contrapor à pobreza, ao descaso, à indiferença, à "lei de Gerson", ao vale-tudo e ao medo. Assim, os assistentes sociais têm, nos usuários, aliados, ainda que se achem desesperançados na luta por serviços de qualidade.

Torna-se importante sublinhar que a mídia, em consonância com as proposições arrogantes de alguns intelectuais, não mede esforços em alardear a morte da perspectiva da revolução, ou o "mau gosto" e o "caráter démodé" da combatividade, revelando um ponto de vista que generaliza as experiências burocratizadas e dá por enterrada a utopia socialista. Ao mesmo tempo, não para de acenar com as promessas sedutoras do mercado, mercado este — mito hedonista do imaginário neoliberal — que "desconhece a necessidade ética". Tudo isto caracteriza a febre pós-modernista, cujo aspecto revelador, na opinião de Kehl, é o "medo da horda". Horda de miseráveis excluídos recorrentemente da sociedade burguesa. Daí que se, por um lado, há fortes indícios do enfraquecimento do *ethos* revolucionário, com o aparecimento de novas e complexas mediações políticas e societárias, o que, em alguma medida, precisa ser incorporado pela categoria, por outro, como fica o assistente social diante da horda, que, por excelência, integra a massa dos seus usuários?

O que atualmente aflige o Serviço Social e mina as políticas sociais públicas no Brasil é, pois, expressão do modelo de desenvolvimento desigual e injusto aqui implantado, em face do qual o Estado de Bem-Estar não conseguiu se estruturar a contento e nem fazer frente à majoritária lógica do lucro. Se é correta a análise de que quanto mais se produz riqueza também se intensifica a reprodução da pobreza, isto é ainda mais válido nos países de capitalismo periférico e dependente, onde esta dinâmica é inteiramente perversa.[9]

Diante disso, o mínimo que os assistentes sociais têm a fazer é se instrumentalizarem para entender o conjunto das determinações que instauram esse triste espetáculo político e socioeconômico, e se posicionarem publicamente contra a desigualdade, bem como, no cotidiano institucional, tentar assegurar a efetivação de programas e políticas sociais de caráter redistributivo.

O compromisso ético e político dos assistentes sociais é com a sociedade e com suas possibilidades futuras — o devir; portanto, com a necessidade de superação da pobreza, o que exige um posicionamento individual e coletivo.

2.3 CONSIDERAÇÕES SOBRE O CÓDIGO DE ÉTICA DOS ASSISTENTES SOCIAIS

*Maria Lúcia Silva Barroco**

A crise social brasileira tem colocado questões que diariamente nos remetem à reflexão ética. A convivência com as mais diferentes formas de violência, de corrupção, de desres-

---

9. BANCO MUNDIAL. *Relatório sobre o desenvolvimento mundial/1990*: a pobreza. Rio de Janeiro: Fundação Getúlio Vargas, 1990.

* Doutoranda em Serviço Social; professora da Faculdade de Serviço Social da PUC-SP.

peito aos direitos humanos mais básicos tem propiciado a indagação de setores da sociedade, sobre sua responsabilidade diante desta realidade. Esses questionamentos rebatem nas profissões, demandando um repensar sobre a dimensão ética presente nas respostas profissionais a essa conjuntura. No Serviço Social, este repensar tem se dado por intermédio de uma série de debates nacionais, onde tem se colocado uma demanda: a reformulação do Código de Ética Profissional.

A proposta aqui é a de refletir sobre alguns elementos que possam servir de parâmetros para essa reformulação, bem como situar o código no interior da discussão ética.

Primeiramente, considero necessária uma análise do significado da reformulação do Código em 1986. Sabemos que esta mudança não foi um acontecimento isolado, mas o rebatimento, na profissão, de um conjunto de transformações sociais que a partir da década de 1960 demandaram um movimento de renovação profissional. A dinâmica posta pelo desenvolvimento da sociedade e pela explicitação das contradições sociais propiciou um repensar sobre o significado social do Serviço Social, tendo como principais referências a superação da prática fundada em pressupostos abstratos e imutáveis e a explicitação de sua dimensão política.

Como essas mudanças foram articuladas no Código de 1986? A negação à "neutralidade" profissional se dá na explicitação clara do conceito de "compromisso", que se concretizou por intermédio dos deveres de: democratizar as informações aos usuários; criar espaços para sua participação nos programas e decisões institucionais; denunciar falhas das instituições e contribuir na alteração da correlação de forças de modo a fortalecer novas demandas de interesses dos usuários.

Superando a concepção do "técnico imparcial", o Código de 1986 buscou garantir a ação profissional pautada nos parâmetros de capacitação para pesquisar, elaborar, gerir e decidir a respeito das políticas sociais e programas institucionais, o que expressou um movimento do real, isto é, a busca de capacitação técnica, teórica-ética e política desencadeada no processo de renovação pós-reconceituação.

No nível dos pressupostos filosóficos, o Código de 1986 buscou superar uma visão metafísica e idealista do real. Ao negar os conceitos tomados de forma abstrata e a-histórica, o Código indicou uma necessidade: a de objetivar os sujeitos históricos para apreender suas necessidades concretas. Neste sentido, apontou alguns parâmetros para esta apreensão, contrapondo, por exemplo, o princípio da contradição ao da harmonia e estabilidade, base dos códigos anteriores.

É importante notar que o primeiro Código de Ética dos Assistentes Sociais foi aprovado em 1947, tendo sofrido duas alterações, uma em 1965 e outra em 1975, as quais foram parciais, permanecendo a base filosófica do humanismo tradicional. Neste sentido, o Código de 1986 representa um avanço, em dado momento histórico, inserindo-se no âmbito das discussões éticas contemporâneas, na busca de uma ética que possa responder aos desafios da sociedade. Assim, a negação às concepções éticas imutáveis e abstratas não foi uma necessidade somente do Serviço Social, mas é parte da polêmica do próprio humanismo cristão, como podemos observar nos estudos éticos dos teólogos Barchifontaine e Pessini:

> Particularmente desafiadas apresentam-se as concepções éticas inspiradas na autoridade. Mesmo a autoridade que propõe normas éticas em nome de Deus, perde audiência... perde também audiência a ética baseada na tradição; devemos agir porque sempre foi assim. Finalmente, perde au-

SERVIÇO SOCIAL E ÉTICA

diência a ética baseada na 'ordem natural das coisas'. O ordenamento hierarquizado da metafísica antiga já não garante a ordem e a qualidade dos nossos comportamentos... Um mundo novo precisa de um referencial ético novo... Existe uma historicidade ética que emerge das novas condições e situações humanas... daí o recurso às tradições éticas é, pelo menos, insuficiente.[10]

Há três dimensões de mudanças colocadas no Código de 1986 (a negação à neutralidade, aos pressupostos metafísicos e idealistas e ao papel profissional tradicional) que significam uma superação, com vistas a uma prática que tenha como pressuposto o real, e não modelos ideais abstratos.

Entretanto, apesar do avanço, o Código de 1986 apresenta resquícios de uma visão estática e unilateral. Ao explicitar uma vinculação profissional a determinada classe social, o Código pressupõe que ela é "boa em si", o que elimina a historicidade das escolhas morais, tendo em vista que elas são perpassadas pela alienação e por valores que nem sempre correspondem às necessidades de uma classe. Vejamos um dos deveres incluídos nos códigos. No de 1975, o assistente social pode romper com o segredo profissional para evitar dano grave ao cliente, ao assistente social, a terceiros ou ao *bem comum*. Este conceito pretende representar a universalidade do bem, e por isto é abstrato, pois elimina as particularidades dos sujeitos históricos que terão diferentes entendimentos do que seja o bem, dependendo das necessidades e interesses em luta na sociedade. No Código de 1986, o segredo profissional pode ser quebrado, "quando se tratar de situações cuja gravidade possa trazer prejuízo aos interesses

---

10. In: *Problemas atuais de bioética*. São Paulo: Loyola, 1991.

da classe trabalhadora". Observa-se que, mesmo identificando historicamente os interesses de classe, ainda há uma predeterminação quanto aos valores. Neste sentido, continua a haver uma visão ética que dá aos conceitos um fundamento *a priori* e imutável.

Além disso, a identificação de uma classe, como tendo de forma absoluta os valores do bem, pode indicar uma visão moralista da realidade social: aquela que separa o mundo entre bons e maus, subestimando com isso a possibilidade de contradição e de mobilidade e transformação dos valores.

Essas observações referem-se ao entendimento filosófico dos pressupostos do Código. Existe, porém, um outro problema no que diz respeito à vinculação com a classe trabalhadora. Na medida em que um Código de Ética deve ser representativo da categoria, essa vinculação exclui os profissionais que não fizeram essa opção. Eticamente essa questão seria analisada como um preconceito, pois pode ser vista como uma restrição que estaria discriminando a participação profissional na vida pública. Como é possível enfrentar essas questões garantindo um código que contemple o pluralismo, sem, no entanto, voltar à abstração e à neutralidade dos códigos anteriores?

Creio que este é o desafio que se coloca hoje à categoria. Neste sentido, quero fazer algumas considerações. O Código de Ética tem duas dimensões: uma de princípios gerais referidos a valores, outra referente à operacionalização prática dos mesmos.

A primeira dimensão deve contemplar o avanço da profissão conquistado historicamente, no sentido de uma desmistificação da neutralidade profissional e de um posicionamento político frente à sociedade. O compromisso político tem expressões diferenciadas, dependendo do espaço onde ele é colocado. Num Código de Ética, o compromisso deve ser com os valores e não com classes, grupos, indivíduos, isto é, não cabe num Código de Ética prescrever quem são os sujeitos portadores desses valores. Neste sentido, creio que o Código deveria se posicionar, ética e politicamente, elegendo os valores que estão presentes nos movimentos progressistas da sociedade: liberdade, democracia, igualdade, justiça, solidariedade, cidadania. A eleição desses valores como positivos já indica uma contraposição a outros valores, como, por exemplo, autoritarismo, violência, desrespeito aos direitos sociais e políticos, entre outros. A garantia de que estes conceitos não sejam tratados de forma abstrata é estabelecida no conteúdo operacional do código, que deve objetivar os valores assumidos. Isto significa um esforço de normatizar formas de prestação de serviços que viabilizem os direitos dos usuários, sob a ótica de sua participação efetiva nas decisões institucionais, isto é, da realização objetiva da cidadania e da democratização da sociedade.

A elaboração de um código não deve ser, no entanto, a prioridade ética de uma profissão, pois não é ele que garantirá a realização de uma prática profissional comprometida com valores positivos. As escolhas éticas são determinadas pela dialética entre a existência de alternativas morais e sua internalização pelos indivíduos. Individualmente, sempre temos uma margem relativa de escolha, embora a qualidade e o conteúdo das opções variem historicamente. Neste sentido, as escolhas profissionais são marcadas por escolhas anteriores, que dizem respeito à nossa socialidade e individualidade. Isto significa que a ética extrapola o código e que a realização objetiva de um compromisso com valores depende, entre outros fatores, do nível de consciência ético-política expressa pela categoria profissional.

Neste sentido, é importante que a ética seja compreendida em outro patamar: no espaço da discussão filosófica sobre a liberdade, a responsabilidade sobre o dever etc. A ética profissional, nessa perspectiva, não seria somente a normatização legal de um código, mas a mediação entre aquela discussão filosófica e a profissão, isto é, a reflexão crítica a respeito da dimensão ética de sua inserção na divisão social do trabalho, dos valores historicamente legitimados pelos profissionais, da direção política neles implícitos e das necessidades sócio-históricas que demandam respostas profissionais. Saindo da dimensão estrita do código, estaríamos nos exercitando para, ao nível da ética, responder praticamente aos desafios propostos pela realidade atual.

2.4 A IMPORTÂNCIA DA REFLEXÃO ÉTICA NA FORMAÇÃO DO PROFISSIONAL DE SERVIÇO SOCIAL

Cristina Maria Brites
Isabel Perez de Vasconcellos
Laura da Silva Santos
Maria Célia Pantaleão e Silva*

Os desafios da modernidade para o Serviço Social estão no bojo das relações sociais, que entendemos como históricas e realizadas pelo homem como sujeito.

---

* Estudantes do curso de Serviço Social da PUC-SP, na ocasião do 7º CBAS (1992).

A problematização da reflexão ética da formação do profissional de Serviço Social nos parece pertinente ao tema proposto neste Congresso. A reflexão ética é um dos instrumentos que permitem a compreensão dos limites e possibilidades de atuação profissional frente aos desafios colocados pela modernidade, na medida em que indaga sobre a realização objetiva dos valores que se assumem.

A modernidade, aqui entendida como um momento histórico da humanidade em suas dimensões social, político-econômica e cultural, e estreitamente relacionada com a sociedade contemporânea brasileira, nos remete à explicitação de nossa concepção de sociedade.

Historicamente, o homem age sobre a natureza, sobre si mesmo ou sobre os outros homens. O conjunto dessas ações é o que entendemos por relações sociais, nas quais são entendidas suas necessidades materiais e espirituais, processo de um contínuo recriar de necessidades. No sistema capitalista de produção, as relações sociais se fundamentam na divisão social do trabalho e na constituição de classes sociais que, ao nível da relação social entre capital e trabalho, reproduzem necessidades e valores sociais antagônicos, necessários à reprodução do sistema.

Em decorrência da condição de existência do homem enquanto ser social, as relações só existem regimentadas por normas valorativas de comportamento, determinadas historicamente, a partir das quais o homem, consciente e responsável, escolhe a forma ideal de suas ações, que, embora individualizadas na internalização dos valores, têm dimensão social.

É se reportando ao campo valorativo de comportamento do homem, espaço do ato moral, que a ética, enquanto reflexão filosófica sobre a moral, nos traz recursos possíveis para a apreensão crítica das raízes, princípios e juízos que a regulam, e, nesta análise crítica, nos remetemos aos interesses que dão sustentação e justificam o comportamento moral.

Neste sentido, concordamos com os pressupostos teóricos da conceituação de moral de Adolfo Sánchez Vázquez, que define:

> A moral é um sistema de normas, princípios e valores, segundo o qual são regulamentadas as relações mútuas entre os indivíduos ou entre estes e a comunidade, de tal maneira que estas normas, dotadas de um caráter histórico e social, sejam acatadas livre e conscientemente, por uma convicção íntima, e não de uma maneira mecânica, externa ou impessoal.[11]

Assim entendendo a moral, nos valemos do mesmo autor para expor a definição da ética e a relação desta com a moral:

> A ética é a teoria ou ciência do comportamento moral dos homens (...). A ética depara com uma experiência histórico-social no terreno da moral, ou seja, com uma série de práticas morais já em vigor e, partindo delas, procura determinar a essência da moral, (...) as fontes de avaliação moral, a natureza e a função dos juízos morais, os critérios de justificação destes juízos e o princípio que rege a mudança e a sucessão de diferentes sistemas morais.[12]

Queremos, assim, ressaltar dois mecanismos de sustentação da sociedade capitalista: o da reprodução de valo-

---

11. VÁZQUEZ, Adolfo Sánchez. *Ética*. 7. ed. Rio de Janeiro: Civilização Brasileira, 1984. p. 69.

12. Id. ibid., p. 12.

res, modos de vida, costumes dominantes, assumidos culturalmente pela maioria da sociedade como valores "naturais", e a manutenção de políticas sociais, por meio do Estado, que atendem precariamente uma minoria da classe trabalhadora.

Partindo dessa introdução teórica sobre a forma de organização da sociedade capitalista, direcionaremos nossa análise sob o ponto de vista da reflexão filosófica, cuja especificidade nos remete a uma compreensão crítica da totalidade de seu objetivo de estudo. Totalidade esta que visamos resgatar a partir das relações sociais, nas quais o assistente social é um dos agentes de intervenção direta.

No bojo das relações sociais historicamente estabelecidas, o profissional de Serviço Social tem sua prática voltada para atender as necessidades concretas da classe trabalhadora. O compromisso com essa classe, assumido formalmente no Código de Ética de 1986 se realiza, para a maioria dos profissionais, na prática institucionalizada.

Os limites e possibilidades à ação profissional, que busca reforçar um dos polos de sua atuação, estão postos na correlação de forças institucionais. Neste sentido, o desafio apontado para a profissão no bojo das relações sociais, quando analisado pela ótica da reflexão ética, nos aponta para como deveria ser esse profissional, que entendemos como comprometido com a classe trabalhadora e ao mesmo tempo reprodutor, na medida em que sua força de trabalho é requisitada para a prestação de serviços sociais que, por intermédio do Estado, dão manutenção ao poder hegemônico do capital sobre o trabalho. Ainda em formação profissional, nos sentimos comprometidas com este papel social que devemos realizar e que, em parte, já realizamos por meio do estágio.

A complexidade da dinâmica do real requer do profissional uma visão crítica que lhe possibilite uma compreensão da totalidade, que apreenda os limites e possibilidades para uma ação transformadora. Quando mencionamos a visão crítica e a ação transformadora não pretendemos assumir a mudança social somente a partir da profissão, mas enfatizar a competência do assistente social, cuja prática possui uma dimensão ético-política. Ser competente requer um domínio teórico-metodológico, visão crítica e compromisso social.

> Não se faz política sem competência e não existe técnica sem compromisso; além disso, a política é uma questão técnica e o compromisso sem competência é descompromisso.[13]

Assim, sabemos que não basta a fundamentação teórico-metodológica para imediatizarmos uma ação transformadora; a reflexão ética fará justamente a mediação entre esse saber teórico-metodológico e os limites e possibilidades, decorrentes das relações valorativas do homem em sociedade, para a prática profissional. Enquanto inserido no processo de reprodução das relações sociais, o assistente social competente deve ter claro a conotação política de sua prática profissional e as possibilidades e limites para uma ação comprometida.

As necessidades vitais do homem, trazidas pela realidade objetiva, para concretizarem-se, determinam fundamentalmente o nível de consciência desenvolvido historicamente na sociedade, que possibilita a esse homem entender-se como ser social inserido em determinada clas-

---

13. SAVIANI, Demerval. *Educação*: do senso comum à consciência filosófica. São Paulo: Cortez/Autores Associados, 1980. p. 134.

se social. A consciência é, portanto, uma das exigências para o homem organizar-se enquanto classe na conquista de seus interesses.

Neste sentido, o saber deve ter a mesma equivalência do poder, pois moral e política são dimensões complementares, e o assistente social, como um dos agentes de intervenção direta nas relações sociais, trabalhará justamente com essas dimensões.

No sistema capitalista, a moral dominante entende que o indivíduo é o único responsável pela sua condição de vida, e que não existem impedimentos concretos para a realização da liberdade.

As políticas sociais aí se expressam como mantenedoras da lógica individualista dessa concepção para a obtenção de direitos sociais.

Analisando toda essa complexidade da realidade moderna, e compreendendo a inserção do assistente social, nos debruçamos sobre a dimensão ética da formação deste profissional que, assumindo valores éticos, compromete-se com o *dever ser* de seu papel social e, particularmente no Código de Ética de 1986, propõe-se a assumir o compromisso com a classe trabalhadora.

Em nossa experiência prática, durante os estágios, nos deparamos com a imediatização da ação, que deve ser resgatada nas seguintes dimensões: técnica, teórico-metodológica, ética e política.

Enfatizamos a dimensão ética na formação, pois temos clareza que, enquanto estagiárias, o *dever ser* está se formando, sendo necessária a problematização das possibilidades e limites, levando em consideração todos os componentes valorativos da ação.

Não basta conhecer a realidade, querer transformá-la, ter conhecimento teórico e metodológico, se tudo isso não for dimensionado dentro das possibilidades da ação, no âmbito político. Fora desse âmbito, o saber pode tornar-se inoperante dentro da correlação de forças institucionais, onde atuamos. Entendemos que um dos pressupostos para as possibilidades da ação é a liberdade, ligada diretamente à responsabilidade e ao compromisso social, que tem na educação um dos espaços para essa conquista.

> O conceito de liberdade deve ser examinado em relação com o de autonomia, entendida como capacidade de autocontrole, autodeterminação individual, base necessária para dar sólido fundamento à vida social. É livre quem é (...) consciente de seus deveres e direitos, e capaz de conduzir-se autonomamente na vida. Portanto, liberdade não é um dado imediato, como creem os teóricos naturais, mas é o resultado mais importante da educação.[14]

Indagamo-nos, a partir da reflexão ética, se o resultado da educação acima mencionado está sendo conquistado na experiência prática? Até que ponto a prática profissional está sendo dimensionada eticamente? Até que ponto a formação profissional está dando conta dos valores éticos assumidos, com relação às necessidades concretas da sociedade moderna?

Assim, entendemos que a reflexão ética é um dos espaços onde encontraremos suporte para a busca de respostas a essas questões impulsionadoras da ação, a partir dos desafios colocados pelos projetos sociopolíticos de nossa realidade social.

---

14. BETTI, G. Escuela. *Educación y pedagogía en Gramsci*. Barcelona: Martinez Roca, 1981. p. 58.

2.5 FORMAÇÃO PROFISSIONAL, ÉTICA E CIDADANIA

Raquel de Matos Lopes Gentilli*

"I nostri mattoni nel presente sono,
alla fin fine, i frammenti della nostra,
umana, città futura."[15]

Salvatore Veca[16]

Neste congresso que ora se realiza, e que tem como eixo central a discussão dos desafios da modernidade — num momento de profunda crise dos projetos sociopolíticos contemporâneos —, torna-se importante entender o novo papel que está reservado ao Serviço Social. Para tanto, problematizo alguns aspectos da relação que se estabelece entre o ensino, mercado de trabalho e ética profissional.

Refiro-me aqui a algumas lacunas que foram se evidenciando na recente história da profissão e que serão pensadas a partir de três questões básicas que problematizam o como fazer, o que se deve fazer e o que se poderia esperar de um assistente social.

Tais questões inquirem sobre a realidade atual, mas decorrem de um processo que teve início com a implantação do currículo de 1982, que visava modernizar a profissão e adequá-la à nova ordem sociopolítica que então emergia. Seu projeto teve significativas mudanças em relação à questão teórica, mas deixou de enfrentar as contingências do mercado de trabalho, particularmente com relação ao problema da técnica.

---

* Mestre em Ciências Sociais; professora do Curso de Serviço Social da Universidade Federal do Espírito Santo.

15. "Os nossos tijolos no presente são, no final das contas, os fragmentos da nossa, humana, civilização futura". [N. O.]

16. VECA, Salvatore. *Cittadinanza*. Milão: Feltrinelli, 1990. p. 45. Este trabalho inspira-se em várias ideias do autor, tomadas do livro citado e de outros textos.

Como consequência, verificou-se uma justa posição de discursos teóricos desconexos de suas questões metodológicas e um agir profissional esvaziado de qualificação técnica. As diferentes concepções que permeavam a profissão continuaram a existir, mas manifestaram dificuldades em relação à articulação entre história, teoria, metodologia, prática e ética profissional.[17]

A primeira questão referida, ou seja, o como fazer profissional, trata de problemas que aparecem na proposta do atual currículo, decorrentes do tratamento dispensado à questão do método, visto como problema epistemológico ou ontológico, pensada do ponto de vista filosófico ou científico, mas nunca técnico.

Esses problemas, que eclodiram em pontos fragilizados do currículo, expressam o abandono e a negação da tradição técnica. A profissão, que fora organizada para instrumentalizar assistentes sociais para atender indivíduos, grupos e populações, assim como planejar e administrar recursos, perdeu, em decorrência da crítica ao "tecnicismo", seu caráter instrumental, tornando-se uma profissão teórica, sem identidade, cujas funções parecem inadequadas aos profissionais e cujo papel, na divisão sociotécnica do trabalho, revelou-se confuso.

Deixou-se, em decorrência disto, de aprofundar o conhecimento da especificidade profissional; esqueceu-se de tornar o assistente social um técnico competente e eficiente, além de crítico; superestimou-se o papel da crítica ideológica e subestimou-se a importância das determinantes empíricas fundamentais para a formação profissional.

---

17. SPOSATI, Aldaíza (Coord.). O ensino da metodologia nos cursos de Serviço Social. In: *Cadernos ABESS*, n. 3, 1989.

O ensino contemplou prioritariamente os aspectos sociopolíticos da realidade, desenvolvendo uma formação profissional predominantemente preocupada com um futuro projeto de sociedade, conceitualmente concebida como melhor comprometida com o dever. Desconsiderou as particularidades funcionais da profissão no mercado de trabalho[18] e deslocou a profissão dos determinantes institucionais que submetem os assistentes sociais a uma relação de vendedores de força de trabalho, na qual os serviços por eles produzidos obedecem, em princípio, às determinantes dessa relação.

A relação contratual que define o Serviço Social enquanto profissão, de um lado, e a natureza de seus serviços, de outro, estão ambas inseridas numa lógica política que as antecede e que lhes é superior. Tal lógica faz emergir um padrão de atendimento predominantemente pragmático, cuja racionalidade está em submeter-se à pressão das instituições que constroem um perfil parcializado de "cliente", fragmentado para efeito de benefícios: carente, idoso, criança, mulher, desempregado, doente etc.[19]

A perspectiva desse currículo, em princípio boa, tornou-se problemática enquanto formadora de técnicos de nível superior, por desconsiderar a técnica como um elemento privilegiado do processo de trabalho profissional. Isto gerou dificuldades para a profissão, com repercussões éticas, políticas e práticas.

Este fato sinaliza para uma necessária redefinição na abordagem da formação de assistentes sociais, no sentido de

---

18. Há registro de preocupação com o mercado de trabalho no currículo pleno de 1985 do curso de Vitória, entretanto a ênfase está centrada na prática profissional dos assistentes sociais e não nas determinantes do mercado.

19. Este aspecto foi largamente observado na pesquisa de CELIM, Marilza (Coord.). *Perfil profissional do serviço social*. DSSO/UFES, 1991, da qual participei.

torná-la "comprometida" com seu princípio de realidade. Ou seja: reconhecer as determinantes que engendram as realidades institucionais, assim como as de mercado de trabalho profissional.

Sabe-se que os profissionais têm enfrentado dificuldades para a realização profissional, sobretudo para demonstrar alto padrão de competência técnica e eficiência administrativa, e não raro vê-se profissionais procurarem aprimoramento técnico em outras instituições. Este fato revela-se grave, pois ações profissionais cotidianas carecem de procedimentos técnicos nas respostas operadas no dia a dia, cujos desdobramentos políticos exigem mais que uma simples resposta normativa.

A competência a qual me refiro revela-se à medida que respostas profissionais aliam efetividade na prestação de serviços aos interesses da clientela, produzidos a partir de um padrão operativo reconhecido como de boa qualidade. Isto nem sempre se consegue, entre outros fatores, devido a falhas no processo de formação técnico-instrumental do assistente social. O que se vê com frequência nas organizações onde trabalham assistentes sociais é a adoção de medidas normativas para atendimentos que obedecem mais a critérios burocrático-institucionais que profissionais.[20]

Apesar de todas as mudanças nos cursos, incorporando a produção teórica mais recente na área, ainda persistem dificuldades para se compreender como as diferentes conjunturas interferem na formulação dos papéis, assim como

---

20. CELIM, M. Op. cit. Neste trabalho, constatou-se que há frequentemente uma confusão entre técnicas, métodos, instrumentos, estratégias de ação etc. As denominações utilizadas pelos profissionais são diversas e não produzem nenhuma discriminação que os identifique claramente. Não há, inclusive, nenhuma identificação do que possa ser considerado propriamente profissional.

na definição das diversas funções profissionais.[21] O encontro de respostas eficientes para essas questões tem esbarrado na falta de estreitamento entre as empirias profissionais e as determinantes acadêmicas. O atual ensino de Serviço Social no Brasil trabalha com uma dupla noção de vocação. Uma científica, voltada para a pesquisa, e outra técnica, dirigida para a ação profissional efetiva, mas oscila entre uma e outra, deixando fragilidades em ambas, dependendo das escolhas feitas pela unidade de ensino.

Essa complexa relação entre formação acadêmica e prática profissional gerou uma literatura analítica e erudita, distante dos elementos empíricos fundamentais do agir profissional. Tal literatura vicejou ao largo de uma prática profissional fragmentada e burocrática, a qual está hoje enfrentando o desafio de responder questões concretas imediatas, muitas vezes completamente alheias ao debate teórico.

Imbricada à primeira questão apresenta-se a segunda, que pretende enfrentar o problema no campo da ética. Ou seja, tenta demonstrar como o que se deveria fazer na profissão implica uma renormatização ética referente ao campo específico da profissão. Trata-se de rediscutir uma ética profissional num campo onde possa ser aceita e reconhecida como pertinente em relação aos valores e razões que regula. Trata-se de estabelecer normas e princípios que identifique, motive e responsabilize os profissionais como cooperadores de um projeto digno de sociedade, que comporte tanto a diversidade ideológica e política do presente bem como aquela especificamente técnica e metodológica.

---

21. Idem. Op. cit. Os profissionais revelam que sabem o que "devem fazer". Isto nem sempre é definido pelos profissionais na organização (por dificuldades de sua formação ou por circunstâncias das relações organizacionais).

Não me parece que uma profissão constitua lugar suficiente para que se organizem campos éticos diferenciados. Estes são relativos às divergentes visões de mundo existentes na sociedade, apesar de estas se refletirem no seu interior. Este é um espaço essencialmente múltiplo, no qual é tão difícil como necessário conviver com as diferenças.

A profissão precisa enfrentar o atual desafio ético, para que seja capaz de exercer controle sobre o exercício profissional, normativo entre seus pares, e coercitivo, se for o caso, pelos seus Conselhos. Carece de definição da natureza e da condição do seu espaço na sociedade, de forma que abranja e englobe as divergências e preferências presentes no campo profissional, identificando representações antes ignoradas ou irrelevadas.

Ao comportar um código interno que considere a multiplicidade das representações políticas e sociais, a profissão necessita desenvolver e incorporar, na sua rotina, uma prática de tolerância que estabelece o sentido do campo, no qual se defende a ética profissional. Isto é, construir uma codificação imperativamente democrática, que garanta a diversidade e defina procedimentos tuteladores deste princípio fundamental. Assumem, assim, as responsabilidades políticas e sociais que atravessam a profissão, defendendo, para seus pares, o exercício de direitos reclamados para toda a sociedade: liberdade de pensamento e expressão, de escolha entre várias opções, de acesso às informações, enfim, a defesa de direitos que permitam viver plena e dignamente sua vida pessoal e profissional. Estruturalmente, a profissão, por se situar num espaço de conflito entre capital e trabalho, de um lado, e do cidadão e Estado, de outro, vê-se às voltas (no seu agir profissional e nas suas relações sociais na categoria) com problemas muito complexos, que estão no cerne dos conflitos sociais (de classe, gênero, cor, escolaridade etc.). Esta situação reclama por uma posição ética em defesa da possibilidade de escolhas, entendidas como direitos políticos.

Do ponto de vista da formação profissional, definição dessa natureza resulta em reorientação das discussões relativas ao entendimento dos dilemas do reordenamento sociopolítico da moderna sociedade contemporânea. Também produz desdobramentos e repercussões no enfrentamento que o Serviço Social deverá fazer dos problemas sociais, estabelecendo os termos de um conjunto de valores e normas genericamente válidas, com as quais os profissionais terão que confrontar suas escolhas.

A resposta à terceira questão, ou seja, ao que se poderia esperar da profissão, decorre da solução do atual dilema ético da atividade e da reorientação da formação do assistente social. Trata-se de entender qual é o tipo, a natureza e a função da inserção que o Serviço Social faz na política, para que se possam estabelecer normas profissionais plausíveis, sensatas, a partir das quais a profissão deve ter, para si, claramente problematizadas, questões políticas referentes a um conjunto de problemas sociais que dizem respeito à população pobre com a qual a profissão trabalha: aborto, controle da natalidade, planejamento familiar, saúde, benefícios, legislação, assistência e previdência social, educação, discriminação social, entre tantos outros.

No Brasil, a modernização conservadora desenvolveu uma tradição cultural e política autoritária, corporativa e antipartidária. Tal processo historicamente dificultou o desenvolvimento das instituições democráticas e representativas, e resultou numa fragilidade de valores, ideias, práticas e instituições, não assegurando plenamente as regras da liberdade de escolha individual e coletiva. Criou uma cultura de súditos, não de cidadãos; valorizou o favor, não o direito; consolidou no espaço público brasileiro os "princípios da cordialidade" ou a cultura do "jeitinho", que rejeitam normas e contratos que garantem direitos, em defesa da manutenção de privilégio e favoritismo. Esta característica da cultura política brasileira marcou também a qualidade do atendimento social do Estado brasileiro, que ao se utilizar das políticas sociais, realiza fins políticos, que não os propriamente sociais.[22] Este fato coloca, para todos os brasileiros, um problema significativo em relação à qualidade de nossa democracia, e, para o Serviço Social, em particular, relevo em seu papel, pelo fato de a execução de grande parte dos programas de política social estar na esfera da sua competência profissional. Isto lhe confere muita responsabilidade política frente à questão que lhe é fundante: a cidadania pensada em suas dimensões civil, política e social. Ao garantir aos usuários dos serviços institucionais acesso real aos benefícios e programas, está a profissão, em seu âmbito, realizando sua importante tarefa política face à Justiça Social: empenhar-se na luta de transformar possibilidades em efetividades. Ao proteger os direitos daqueles que nasceram em desvantagens sociais, coloca em relevo a questão da equidade e da dignidade dos "clientes" do Serviço Social, transformados em cidadãos e cidadãs.

Contemporaneamente, estão reabertas várias questões sobre um projeto de utopia libertária. Uma delas passa por garantir — tanto ética quanto materialmente — os valores da liberdade e da equidade. E isto diz respeito ao agir profissional do Serviço Social.

---

22. GENTILLI, Raquel. *A prática profissional no contexto das políticas sociais.* Dissertação (Mestrado em Ciências Sociais) — PUC, São Paulo, 1987.

As questões que aqui levanto situam-se na premissa que reconhece o igual direito que cada um tem de ser responsável pelo seu próprio destino. Refiro-me à autonomia de profissionais para escolhas de sua preferência, fundadas numa ampla teoria normativa que os comporte profissionalmente e os remeta a uma teoria de Justiça Social que funde as razões pelas quais devem agir enquanto tais, mas cuja identidade reconheçam como justa face às escolhas partidárias, religiosas e culturais de cada um.

O nexo que liga direitos, ética e política é a defesa do pluralismo, tão dolorosamente difícil de ser vivido quanto necessário na profissão.

PARTE IV

ÉTICA PROFISSIONAL COMO COMPROMISSO COLETIVO

1

ÉTICA PROFISSIONAL: POR UMA AMPLIAÇÃO CONCEITUAL E POLÍTICA

Marlise Vinagre — CFESS

No dia a dia, nos deparamos, a todo momento, com situações que nos provocam e nos fazem assumir determinadas posições, assumidas a partir de juízos de valor que fazemos frente a essas situações. Estamos falando das nossas ações morais, que exercemos a cada momento, e assim estamos dizendo que em cada sociedade e em cada grupamento social existem princípios, normas que diferenciam essas atitudes morais em relação a problemas práticos que envolvem grupos e indivíduos nas suas relações sociais no cotidiano.

---

* Mestre em Serviço Social e doutoranda em Ciências Sociais; professora da Escola de Serviço Social da UFRJ; presidente do CFESS na gestão 1990-93; membro da Comissão Técnica Nacional de Reformulação do Código de Ética Profissional.

Obviamente, esses princípios e normas são travejados de um conjunto de representações que compõem o ideário dominante, o qual é perpassado por significados e estereotipias decorrentes de determinações econômicas e político-ideológicas, portanto, por representações de natureza cultural. Vale esclarecer que essas representações são oriundas de determinações de classe, raça, cor, gênero etc. Mas, para fazermos julgamento de valor, aprovando ou não, concordando ou não com os acontecimentos, nos pautamos em códigos morais e éticos, que são válidos dentro de alguns limites históricos. Isto significa dizer, portanto, que os códigos que informam as nossas práticas sociais cotidianas transformam-se a cada momento histórico.

Assim, em determinada sociedade existem, a cada conjuntura, distintos códigos morais que podem se contrapor, inclusive entre si, embora pela força da ideologia dominante exista a prevalência de uma moral dominante, a qual corresponde à visão de mundo das classes que detêm o poder econômico, político, social e cultural, e que é introjetada e legitimada o nível social e individual e, portanto, também a nível subjetivo. É a subjetivação do estabelecido.

As ações morais sempre existiram, desde o início da história da humanidade. Já a preocupação em entender essas ações morais, do ponto de vista filosófico, no sentido da decifração do comportamento moral dos homens, só surge com o início da filosofia grega. Então, nesse momento é que se passa para o terreno da ética e não mais da moral. Hoje, com o acirramento cada vez maior da contradição de classe, com as crises sociais presentes na conjuntura brasileira e internacional, com a chamada crise dos projetos de transformação social, recoloca-se o debate da ética. Cada vez mais a sociedade demanda esse debate e a opinião pública discute a ética, mesmo sem saber que está fazendo isso. Do ponto de vista mais geral, a ética oferece princípios que norteiam o agir humano.

Neste sentido, a ética necessariamente deve observar: o ser livre e a vontade do indivíduo e dos grupos, já que, conforme pontuamos, não existe uma ética única, universal, absoluta e válida para todos. Isto é, a ética esbarra necessariamente na tensão dever-liberdade. A opção que deve marcar o ato ético de um indivíduo, entretanto, tem como elementos fundantes os valores que inspiram a sua concepção de mundo, a sua visão de homem, tomando como pressuposto a construção histórica do ser social. Queremos, com isso, chamar a atenção para o fato de que a liberdade, a partir dessa ótica, não é um princípio universal, abstrato e idealista.

Na verdade, a liberdade seria um direito de opção dentro de determinados valores, e, nesse caso, a liberdade implicaria uma direção significante, que tem a ver com essa determinada visão do mundo e de homem que cada indivíduo tem ao se conceber livre, considerando seu ser vontade, para optar por uma ou outra direção. Se se escolhem valores, necessariamente todo homem é um sujeito moral.

Por outro lado, cabe também considerarmos a questão do pluralismo de ideias e do marco de referência teórico-filosófico. O pluralismo de ideias, que seria o solo dessa liberdade, não seria tomado como um campo neutro. Ao contrário. Seria um campo em que teriam lugar diferentes ideias, onde se teria uma direção que seria hegemônica. Portanto, tratar-se-ia de um campo de diálogo, mas também de embate de ideias, e não um campo de consenso, onde se tentaria homogeneizar diferenças incompatíveis entre si.

Ora, se os atos éticos estão atravessados pelas diversas visões de mundo dos indivíduos, é certo, então, que diferentes concepções de ética encontram-se presentes ao longo do processo histórico de institucionalização das profissões. No caso do Serviço Social, que tem um lugar específico na divisão social e técnica do trabalho, essas diferentes concepções de ética vão aparecendo ao longo de sua trajetória, desde seu surgimento, e depois ao longo do seu processo de profissionalização, até chegarmos aos dias atuais.

Para normatizar e fiscalizar o exercício profissional, todas as profissões consideradas "liberais", são portadoras de uma deontologia no sentido de regular as ações operativas da profissão. E cabe às entidades representativas dessas profissões, por determinação estatutária, a elaboração de um Código de Ética profissional. No caso da profissão de assistente social, os códigos de ética têm servido, ora como instrumento para uma ação moralizadora, restauradora e integradora, atuando nas questões que são consideradas disfunções, ora para a sustentação de uma prática profissional crítica, na direção do que José Paulo Netto denomina "intenção de ruptura", a qual aponta para uma ação libertária e transformadora. A partir do final da segunda metade dos anos 1960, essa perspectiva vem apresentando, no interior do seu discurso, o chamado compromisso com a classe trabalhadora.

O primeiro Código de Ética do Assistente Social, que foi elaborado em 1947 e aprovado em 1948, foi revisado em 1965. Uma nova reformulação foi efetuada dez anos depois, em 1975. Em todas essas versões do Código, temos, simultaneamente, influências tanto do neotomismo quanto do funcionalismo, mesmo havendo algumas posições antagônicas entre elas.

Nos códigos anteriores ao de 1986, fica bastante visível esse traço que muito influiu na construção do Serviço Social enquanto profissão, que foi a influência da doutrina social da Igreja. Percebemos isso ao examinarmos essas três versões do Código — a de 1947, de 1965 e a de 1975, — onde podemos identificar claramente essa influência, inclusive de princípios que constam da encíclica papal *Rerum Novarum*. Identificamos aí inscrito o princípio da conciliação de classes, servindo de sustentação a uma prática profissional visando a harmonia, o equilíbrio e a paz social. Considera-se que os problemas sociais têm uma estreita relação com uma suposta decadência da moral e dos costumes cristãos. Logo, a profissão é considerada como uma vocação, um chamado de Deus, e o assistente social deve, então, estar a serviço da restauração da moral cristã.

Em termos de visão de homem, é uma visão idealista, a-histórica e metafísica, que se inspira no princípio neotomista da perfectibilidade humana. O assistente social deve intervir com base nesse princípio, no sentido de alcançar o bem-estar do homem e a justiça social. Seria, então, o bem comum o fim almejado dentro dessa visão de harmonia, onde os conflitos têm que ser eliminados. Então, fica clara a necessidade de uma ação que deveria estar corrigindo essas disfunções, adaptando o homem no seu meio, para se poder alcançar esse ideal do bem comum e da justiça social.

Fica subjacente, portanto, uma perspectiva de neutralidade e de harmonia na relação com a instituição, onde nem autoridade nem o Estado são questionados. Até porque tem-se como pressuposto que o poder institucional e estatal decorre de uma autoridade divina e, portanto, não cabe ser questionado.

O Código de Ética de 1986 foi elaborado ao longo de aproximadamente dois ou três anos, a partir de um processo bastante representativo de discussão em todos os estados, envolvendo os conselhos regionais, os sindicatos da categoria, e foi homologado pelo Conselho Federal de Serviço Social.

Esse Código foi gestado dentro de um contexto amplo de revisão de valores, do ponto de vista de uma conjuntura internacional e, mais especificamente, latino-americana. Nasceu a partir de um movimento que se contrapunha ao conservadorismo e tentava resgatar um espaço social para os atores que se articularam em busca da redemocratização.

No caso do Serviço Social no Brasil, podemos situar, a partir da década de 1970, um movimento que revê o paradigma subjacente ao Código de 1975, colocando em questão os princípios da neutralidade e explicitando a dimensão política da prática profissional. No interior da universidade, a partir de todo esse debate e dentro dessa intenção de "renovação" do Serviço Social, surgem três propostas, uma delas a já mencionada "intenção de ruptura", que se articula a projetos sociais de transformação social mais geral. Na academia ocorre, ainda, o processo de revisão e implantação do novo currículo (1982), que também já está sendo revisto.

No âmbito da produção teórica, começamos também, a partir dessa década, a presenciar um volume crescente de publicações sobre Serviço Social, e aqui destacamos o papel da Cortez Editora, das produções a partir dos mestrados implantados, onde a PUC de São Paulo tem substantiva relevância.

Em termos das entidades da categoria, também podemos dizer que a partir dos anos 1970 tivemos um avanço, seja do ponto de vista sindical, seja na esfera dos conselhos, onde se começa a anunciar uma democratização interna.

Assim, todo esse contexto de renovação teve seu rebatimento naquilo que se está chamando de uma nova moral profissional e de uma nova ética no interior do Serviço Social, a qual aponta para o compromisso com as classes trabalhadoras, tendo aí, então, dois sujeitos fundamentais: de um lado as unidades de ensino, com suas expressões intelectuais e políticas, de outro, as entidades da categoria.

Além de anunciar esse novo Código, que é o compromisso com as lutas e os interesses das classes trabalhadoras, o de 1986 apresenta outros avanços. Supera a visão do assistente social como mero executor das políticas sociais e estabelece a participação deste nos espaços de decisão dos programas institucionais. Ademais, apresenta novo valor — a denúncia —, que não aparecia na versão de 1975 e muito menos nas anteriores. A partir de 1986 é que aparece a possibilidade de o usuário apresentar uma denúncia aos Conselhos, referente a uma prática profissional contrária aos seus interesses.

Demarcadas essas diferenças e apontados alguns dos avanços obtidos com o Código de 1986, cabe considerar a necessidade de se retomar o debate sobre a ética profissional e, particularmente, sobre a importância de se defender que o referido Código seja reexaminado, com vistas à sua reformulação.

Ocorre que esses avanços não foram acompanhados de profunda discussão sobre a ética na formação profissional e no cotidiano da prática. Do ponto de vista da formação, vale ressaltar o lugar que essa disciplina ocupa no currículo. Geralmente o professor de ética é aquele convocado para lecionar o que sobra na distribuição das disciplinas, seja porque ainda não tem carga horária completa, ou então simplesmente porque é uma disciplina obrigatória do currículo mínimo; consequentemente, tem que ser oferecida. Muitas vezes, também, a disciplina é atribuída àquele professor que está ingressando no corpo docente na Universidade. Assim, é uma disciplina vista como menos importante ou de menor estatura teórica.

Uma outra questão pertinente ao Código de 1986 é a seguinte: o projeto de transformação mais geral deve ser encaminhado em outros espaços que não exclusivamente, o das práticas profissionais, ou seja, nos sindicatos, nos movimentos sociais e nos partidos políticos. Isto significa que aquela visão do assistente social como o agente privilegiado da transformação social está sendo revista. O que estamos hoje pensando é se conseguimos garantir esse compromisso, que é fruto de uma opção política e, portanto, do exercício do direito à liberdade, e está pautado numa determinada visão de mundo, por intermédio do Código. Será que o Código de Ética é o *locus* ideal para que possamos efetivar esse compromisso?

Não se trata de pôr em questão o princípio do compromisso, mas de questionar como assegurar a sua realização. É a partir, exclusivamente, de um Código de Ética? O Código tem garantido esse compromisso na prática? Por quais vias conseguimos traduzir esse compromisso? Essa é uma questão muito importante, na medida em que consideramos um grande avanço o que está embutido no Código de 1986 e achamos que não devemos abrir mão de propor uma direção social para a prática profissional. Não se pode perder de vista que o Código de 1986 expressa um projeto profissional que conseguiu se legitimar e se tornar hegemônico no confronto plural com outros paradigmas.

Temos então, necessariamente, que problematizar a relação ética-moral-política. Ou seja, em que ponto essas três dimensões se tangenciam? Em que momentos se demarcam particularidades em um ou outro campo? Como articular a dimensão da prática profissional e o nosso projeto de vida à nossa inserção como ser social, histórico e político no mundo?

Outro elemento que merece ser pontuado é a necessidade de ampliação dos conceitos de classe social e instituição. Parece-nos que no campo teórico já se caminhou bastante na discussão conceitual. Então, queremos ver a correspondência desse amadurecimento intelectual na normatização profissional. Do ponto de vista conceitual, podemos verificar que o texto de 1986 não observa a heterogeneidade intraclasse, que hoje está sendo discutida no interior das Ciências Sociais, em relação a aspectos de diferenças de raça, origem, etnia e gênero. A perspectiva de classe deve ser assegurada, porém melhor explicitada, na direção de uma *ampliação conceitual e política* dos pressupostos que norteiam a profissão.

Se o Código é um instrumento de fiscalização dos serviços prestados por essa profissão, que trabalha não com o homem abstrato, não com uma classe social genérica, mas com uma classe composta por seres concretos, que têm uma inserção étnico-racial e de gênero, perguntaríamos se esse Código, ao ser possivelmente reformulado, e não negado, não teria que prever alguns aspectos com relação à discriminação racial e sexual? Até que ponto a assistente social não reproduz procedimentos discriminatórios no seu dia a dia, trabalhando com mulheres, com homossexuais, com negros, com pessoas portadoras de deficiências? Enfim, se entendemos que o Código não deve ser um guia, mas um instrumento para nortear a nossa ação e um mecanismo, inclusive, para coibir ações inadequadas, teríamos que rever algumas posturas para que ele seja compatível com o projeto de transformação social. Em outras palavras: como construir um projeto profissional, ancorado em uma proposta de transformação radical, que possa prever todas as desigualdades, e não só as de classe, restritas a uma leitura economicista?

Finalmente, vale sinalizar que o Conselho Federal tem recebido muitas avaliações acerca da fragilidade do Código de 1986, enquanto instrumento da fiscalização. Ele é considerado, por muitos dirigentes de conselhos e agentes de fiscalização, como uma "carta de intenções", com algumas expressões nos seus artigos que são vagas, ambíguas e sem um significado mais objetivo.

Cabe, nesse momento, destacar todas essas dúvidas, indagações e inquietações, no sentido de que possamos, com a nossa troca de ideias e o nosso debate plural, e num esforço conjunto de todas as entidades, de todos os profissionais envolvidos, seja no âmbito do ensino, da fiscalização e no exercício da profissão, juntamente com os estudantes, tentar enfrentar esses dilemas. Como reinventar algumas saídas para esses impasses, sem retroceder nos avanços que já conseguimos assegurar?

É preciso alimentar as utopias e os sonhos, porém é fundamental engendrar mecanismos que possibilitem realizá-los efetivamente para que sejam expressão, no seu conteúdo, da *realidade viva*.

2

FORMAÇÃO PROFISSIONAL, ÉTICA E TRANSFORMAÇÃO SOCIAL

*Maria Eulália Moreira** — ABESS

Quero colocar algumas preocupações que a ABESS trouxe para este debate sobre a ética. O que temos percebido é que a discussão da ética, hoje, se dá em diferentes âmbitos da nossa categoria, tanto a nível do nosso exercício profissional, quanto a nível da docência. Penso que essa discussão é importante para o esclarecimento das definições éticas que se dão no âmbito das entidades representativas da categoria e, ao mesmo tempo, no âmbito privilegiado da formação profissional, porque, na verdade, estes espaços são indissociáveis, ou seja, eles compõem uma relação que é complexa, dinâmica e necessária.

---

* Mestre em Serviço Social; professora da Escola de Serviço Social da Pontifícia Universidade Católica de Minas Gerais.

Com vistas a contribuir para o debate da ética profissional, apontamos algumas considerações. Uma questão fundamental é que a adesão ao projeto da classe trabalhadora não significa necessariamente uma condição para o estabelecimento dos parâmetros teórico-práticos universais da profissão de Serviço Social. Buscando a verificação dessa questão na nossa trajetória histórica, entendemos que um dos marcos principais se coloca no final da década de 1960, quando a vertente espanhola da reconceituação do Serviço Social colocou o papel do assistente social como agente de transformação, com o objetivo primordial de conscientização do homem oprimido. É evidente que essa discussão se deu no bojo da própria exigência do movimento social, também em relação a outras profissões e à sociedade de modo geral, e não questionamos a pertinência de, naquele momento, essa questão se colocar na pauta do dia.

Instaura-se a polêmica da investigação e ação no Serviço Social, engajada no movimento social e político do país, fruto de uma nítida ligação com o projeto social e político da classe trabalhadora. Verificamos, subjacente a isso, um conceito pouco claro de consciência, porque, na verdade, a proposta de conscientização, como objetivo profissional, tem como pressuposto básico que a difusão das ideias desempenha um papel preponderante na formação da consciência social da população. Ressaltava-se a perspectiva de direcionar a formação profissional para a transformação da sociedade em aliança com a classe trabalhadora, na expectativa de que o assistente social desempenhasse junto a essa população um papel significativo nesse processo.

No entanto, o desdobramento dessa questão — transformação da sociedade projeto de classe trabalhadora — nos aponta alguns pontos importantes de serem polemizados.

SERVIÇO SOCIAL E ÉTICA

A adesão ao projeto da classe trabalhadora ultrapassa os limites da profissão. Reduzir ao âmbito profissional todos os aspectos de mudança e créditos à ordem social estabelecida, ou seja, imputar à profissão toda a prerrogativa de transformação social e de adesão a um projeto de classe pode levar o assistente social a se omitir quanto à sua participação efetiva no movimento social. Isso significa que a contribuição profissional a um projeto de classe tem seus limites bem determinados, reconhecendo que o avanço desse projeto se expressa de modo mais pleno em outras instâncias da sociedade, como sindicatos, partidos políticos e movimentos sociais. Essa compreensão vem explicar muitas das dificuldades de viabilização de um projeto profissional comprometido com as classes populares.

Uma outra questão a considerar é a de que a concepção de mundo e a interpretação do movimento da sociedade leva o profissional a se colocar frente aos diferentes projetos de classe. Isso nos permite constatar que a universalização da adesão ao projeto da classe trabalhadora, para o conjunto da categoria profissional, conduz à negação da existência de diferentes maneiras de interpretar e intervir na realidade social. Se não podemos falar de universalização para toda a categoria, também não se pode conceber de modo monolítico a adesão a um único projeto de classe. Há distintos modos de interpretar e de se colocar frente a esse projeto, de acordo com a trajetória política, ideológica, e mesmo cultural, dos profissionais.

Cabe ainda uma outra indagação: como expressar na prática profissional cotidiana, na relação com a população atendida e com os próprios companheiros de trabalho, a concretude dos ideais de vinculação com o projeto da classe trabalhadora? E como fazer a mediação desses princípios, que são mais gerais e mais amplos, com o particular da nossa ação profissional cotidiana? É imprescindível o debate dessas questões, para que o discurso e os princípios profissionais e políticos do Serviço Social tenham cada vez mais correspondência na prática profissional.

O embate dessas diferentes maneiras de pensar e agir leva os profissionais à construção de determinadas ênfases na profissão em cada momento histórico. Não podemos negar que há, inclusive, um embate entre as diferentes concepções na interpretação do real.

Se compreendemos que a ética não se reduz ao Código, expresso em cláusulas e artigos, mas está afeta a uma visão de sociedade/indivíduo, não podemos considerar a ética profissional como monolítica, como uma definição universal para toda a categoria de assistentes sociais. Esta seria uma atitude de negação do movimento social e da diversidade desse movimento. Agora, como essa heterogeneidade não se dá ao acaso, mas sim no bojo de lutas e tensões sociais concretas, em cada momento histórico uma posição se apresenta como hegemônica e representativa do movimento social. Podemos colocar, como exemplo, a história dos princípios éticos que a nossa categoria vem manifestando nos códigos de ética já existentes desde 1947. Tais princípios significam dominâncias que, resultantes da correlação de forças a nível da sociedade, e particularmente da nossa categoria, se colocam como hegemônicos em determinado momento histórico e conjuntural.

Penso, enfim, que essas dominâncias expressam o jogo de forças sociais na sociedade, e na nossa categoria em particular, mas permanentemente se deve proceder a uma crítica dos seus pressupostos e de seu rebatimento no movimento social.

3

ÉTICA COMO OBJETO DE PESQUISA

Eugênia Raizer* — Cedepss

Ao refletirmos sobre a realidade acadêmica no âmbito do Serviço Social, podemos destacar, em primeiro lugar, o dado de que no Brasil, hoje, já contamos com uma considerável produção teórica, o que indica um avanço da categoria, demonstrando, assim, um esforço de superação das marcas do pragmatismo e do imediatismo que historicamente pesam na profissão.

Há muito ainda que se avançar, para que a pesquisa possa se constituir, na prática, em instrumento fundamental, para pensarmos e repensarmos criticamente determinada realidade, enfim, para que a pesquisa seja um instrumento básico na construção da teoria tanto ao nível do exercício como do processo de formação profissional.

---

* Doutoranda em Serviço Social; professora da Escola de Serviço Social da Universidade Federal do Espírito Santo.

Além do mais, se fizermos uma apreciação sobre as áreas temáticas de pesquisa, vamos constatar que a questão da ética, enquanto objeto de estudo, é inexpressiva, tanto no que diz respeito ao volume da produção quanto à pluralidade de enfoques e abordagens teórico-metodológicos.

Portanto, enquanto perspectiva, penso que devemos tomar a ética como temática de pesquisa sob diversos ângulos, como, por exemplo: os determinantes históricos do problema ético, a postulação do ético como ideologia, as polêmicas éticas nos confrontos dos diversos projetos profissionais, a ética entre a teoria e a ação profissional na sociedade brasileira, como o Serviço Social se apropria da ética, quais são as coordenadas que determinam essa apropriação etc.

Partindo do entendimento da pesquisa como instrumento fundamental e com função de apoio, a investigação da ética poderá possibilitar aos assistentes sociais o conhecimento em profundidade dos fenômenos sobre os quais ele intervém, a instrumentalização teórica para uma ação comprometida, o questionamento, não só do produto teórico nessa área, tentando superá-lo, mas igualmente do processo de produção do conhecimento e da ação efetiva sobre a realidade. Essa relação entre produção de conhecimento e ação interventora, estando a primeira a serviço da segunda, configura uma possibilidade de verificação do conhecimento produzido e de contribuição para uma prática profissional consciente e consequente.

Além da ética como temática de nossas pesquisas, gostaria de destacar a importância da reflexão de uma ética para a pesquisa em Serviço Social. Isto porque a prática da pesquisa, a exemplo das demais práticas do Serviço Social, estrutura-se e desenvolve-se no âmbito das relações sociais e, assim, é perpassada por diversos interesses existentes na sociedade, requerendo, também, constantes questionamentos e parâmetros éticos.

4

ÉTICA E DIMENSÃO POLÍTICA DA PROFISSÃO

Ana Maria Arreguy Mourão* — ANAS

A Associação Nacional dos Assistentes Sociais entende que este espaço é privilegiado para que se possa discutir a questão da ética e da moral na profissão. Achamos importante ressaltar a integração das entidades da categoria numa discussão conjunta, que pode apontar diretrizes para o exercício profissional de todos os assistentes sociais. Esta discussão é pertinente, principalmente no momento em que se vive uma crise ética e moral em nossa sociedade. Temos, portanto, que discutir essas questões morais, o que está por trás da ação do assistente social e o que fundamenta a nossa prática eticamente. Espero que o produto dessas discussões possa nos ajudar e nos impulsionar para um exercício profissional mais compromissado com a realidade.

---

* Professora da Escola de Serviço Social da Universidade Federal de Juiz de Fora.

A importância de se refletir sobre a ética deve-se ao fato de que ética e moral permeiam a conduta do ser humano nas relações sociais, bem como a conduta profissional. Em nossa experiência docente, vemos que a ética como disciplina não é muito valorizada. A questão curricular é séria, pois se reformam currículos sem que a ética mereça a reflexão necessária na reforma. Existem algumas exceções: universidades que efetivamente reformulam o currículo e, também a disciplina de ética, de acordo com a direção social do curso.

A discussão da ética e da moral deve estar na formação profissional o tempo todo. Temos que estar formando os profissionais com a reflexão dos fundamentos filosóficos que nos levam a determinado agir profissional. É importante ainda que se discuta a questão da ética vinculada à questão política, porque é a dimensão política da profissão que determina o seu exercício. A dimensão política não está ligada só ao compromisso com a classe trabalhadora, mas é fundamental que se defenda essa questão do compromisso. No entanto, a formação profissional muitas vezes fica a dever ao assistente social a clareza sobre o significado de seu papel na sociedade.

A ANAS, enquanto direção sindical da categoria, tem o seu trabalho e concepções politicamente impulsionados pela Central Única dos Trabalhadores (CUT) à qual somos filiadas. Considerando o momento histórico e, em especial, o movimento dos trabalhadores, a CUT tem implementado a proposta da nova organização por ramo de atividades, como alternativa à velha estrutura corporativista.

Assim, a ANAS está remetendo o debate dessa proposta da CUT a toda a categoria, sobre como vamos nos reorganizar enquanto trabalhadores, não perdendo de vista nosso papel na sociedade enquanto assistentes sociais. Esse debate está lançado para que a categoria toda se envolva. Não é cada entidade cuidando separadamente de sua responsabilidade, mas as entidades reunidas para discutir a profissão, enquanto um todo, em suas várias dimensões. Temos que dar respostas satisfatórias a 50 mil profissionais espalhados pelo Brasil.

Outra questão que gostaríamos de levantar dentro dessa perspectiva da nova organização da categoria diz respeito a que tipo de ética teríamos. É viável ter um código de ética profissional? Se estamos nos reorganizando com outros trabalhadores nos locais de trabalho, a questão da ética passa por uma dimensão maior, que é a ética social, é a ética do trabalhador. Especificamente, questionamos a questão sindical por categoria e, também, a questão da ética por profissão. A ética teria que ser identificada com a questão social.

Isso tem que ser colocado para o debate, pois não temos clareza e nem respostas para tudo, mesmo porque estamos vivenciando uma experiência de reorganização sindical dos trabalhadores, com base na proposta da CUT. Entendemos que o Código de Ética Profissional de 1986 apresenta vários avanços, quando explicita a dimensão política da profissão, no sentido do compromisso com a classe trabalhadora.

Pensamos, também, que não temos como assegurar esse compromisso somente pelo Código. Tal compromisso deve ser assegurado, sobretudo, na formação profissional, onde se discute o tipo de intervenção na realidade social. O Código pode, sim, apontar e regular as relações ético-profissionais.

Outra questão que colocamos aqui para o debate é a que se refere à democratização dos nossos conselhos regionais e federal. Na verdade, quem pode avaliar melhor o trabalho do assistente social? É outro assistente social ou a população que recebe nossos serviços? Pensamos que é a população que pode avaliar nossa prática como boa, moral e compromissada, embora as camadas populares não tenham ainda conhecimento de que podem denunciar o profissional nos conselhos.

5

ORGANIZAÇÃO ESTUDANTIL: COMPROMISSO COM UMA FORMAÇÃO CRÍTICA

Taciani Pelizaro Cintra e Oliveira* — Sessune

No tocante à formação profissional, a ética tem sido concebida, muitas vezes, como uma disciplina puramente teórica, desligada da prática concreta dos profissionais, e não considerada em sua dimensão política. Ou restringe-se apenas às discussões da normatização ética, por intermédio do Código.

A reflexão sobre a ética, em seu sentido teórico, moral e político, não vem ocorrendo em muitas unidades de ensino, que priorizam o lucro e que têm um projeto de ensino

---

* Estudante de Serviço Social (Franca/SP), à época do I Seminário Nacional de Ética (1991).

que legitima e reproduz a ideologia dominante. É fundamental que a disciplina de ética proporcione uma reflexão sobre os diferentes referenciais teóricos e morais, que estão implícitos no Código de Ética Profissional e, também, sobre a importância da dimensão ética na perspectiva de um projeto profissional.

Em relação ao Código de 1986, destacamos alguns pontos que merecem um repensar, tanto ao nível da formação quanto da prática profissional. O primeiro seria a dimensão política da profissão. No tocante à formação profissional, como garantir, de fato, uma formação profissional e política? Sabemos, por meio de uma pesquisa realizada pela ABESS, que apenas três escolas de Serviço Social em São Paulo tinham definido com clareza seu projeto pedagógico e político de ensino. Como garantir uma atuação profissional e política, se ao nível da formação não se tem claro o direcionamento teórico, metodológico e político dos currículos?

Ao nível do movimento estudantil, a Sessune vem priorizando a discussão sobre formação profissional e política em seus eventos, seminários e encontros. A Sessune é a subsecretaria de Serviço Social da UNE, criada em 1988. Um dos seus principais objetivos é articular o movimento estudantil para uma maior aproximação com as entidades da categoria profissional. Objetiva, ainda, discutir a formação social e política dos estudantes e assistentes sociais, coordenar e organizar os encontros nacionais, estaduais e regionais junto às escolas-sedes, incentivar a promoção de eventos culturais e formas alternativas de comunicação do movimento estudantil, bem como fortalecer as entidades de base que são os CAs, os DAs e os próprios estudantes.

Compreendemos a importância de se garantir uma formação crítica e a necessidade de nos organizarmos e ocuparmos os espaços das unidades de ensino onde é discutida a formação profissional. Entendemos que na universidade, enquanto espaço contraditório e onde se dá a produção do conhecimento, encontram-se em jogo interesses opostos, estando, muitas vezes, a formação comprometida com os interesses da burguesia.

Um segundo ponto que levantamos é a utilização de um referencial crítico e dialético para análise da realidade, embasada na perspectiva teórico-metodológica marxista. Com referência a esse ponto, levantamos duas questões: a nossa formação profissional tem dado conta de garantir uma análise da realidade, dentro da perspectiva teórico-metodológica, uma vez que, na maioria das vezes, estudamos a teoria marxista de forma superficial, apoiada em sínteses e não consultando as fontes? E como se colocaria, nessa perspectiva, o pluralismo?

O terceiro ponto é sobre a prática comprometida com a classe trabalhadora. Qual é essa prática e como ela vem se realizando? Percebemos, por meio de nossa prática de estágio, que muitos profissionais não assumem o compromisso político com a população atendida, embora possa concordar com ela ao nível do discurso. O conceito de classe trabalhadora, acreditamos, também não condiz, atualmente, com o perfil da população atendida, uma vez que essa é composta de desempregados e pessoas inseridas no mercado informal de trabalho.

PARTE V

O CÓDIGO DE ÉTICA DE 1993: SIGNO DA RENOVAÇÃO DO SERVIÇO SOCIAL NO BRASIL

1

REFORMULAÇÃO DO CÓDIGO DE ÉTICA: PRESSUPOSTOS HISTÓRICOS, TEÓRICOS E POLÍTICOS*

Beatriz Augusto de Paiva
José Paulo Netto
Maria Lúcia Silva Barroco
Marlise Vinagre
Mione Apolinario Sales

1.1 CÓDIGO DE ÉTICA: O SENTIDO DA REVISÃO

Desde a primeira formulação do nosso Código de Ética Profissional, em 1947, até a reelaboração de 1975, permaneceram vigentes as mesmas concepções filosóficas assentadas no

---

* Documento elaborado pela Comissão Técnica Nacional de Reformulação do Código de Ética Profissional do Assistente Social.

neotomismo, a partir das quais consagrávamos valores abstratos e metafísicos como "bem comum" e "pessoa humana".

Somente com a reformulação de 1986 essas concepções foram superadas, com a explicitação de princípios éticos historicamente situados: foram negados conceitos abstratos e indicada a urgência de objetivar os sujeitos históricos para apreender suas necessidades concretas.

O Código de 1986 apontou alguns parâmetros para essa apreensão, contrapondo, por exemplo, o princípio da contradição ao da harmonia/estabilidade, suporte dos códigos anteriores. Em contraste com a ideia da "neutralidade profissional", estabelece-se a clara noção de "compromisso", que se concretizou por meio dos deveres de: "democratizar as informações aos usuários"; "criar espaços para sua participação nos programas e decisões institucionais"; "denunciar falhas das instituições" e "contribuir na alteração da correlação de forças", de modo a viabilizar as demandas de interesses dos usuários. Esse compromisso determinou a necessidade da configuração de um novo perfil profissional, de acordo com o processo de renovação teórico-política do Serviço Social. Tem-se, então, uma percepção da ação profissional que requer capacitação para elaborar, gerir e decidir a respeito de políticas sociais e programas institucionais, o que pressupõe instrumentos para o conhecimento crítico da realidade política e social. Em função disso, o assistente social competente deve estar atento para a conotação política da profissão e para os consequentes desafios de uma ação comprometida. Com esse novo perfil, o assistente social se depara com a necessidade de estar a par de estudos e pesquisas mais atuais de sua área.

De fato, o Código de 1986 (só plenamente compreensível se se levar em conta as condições sociopolíticas e de desenvolvimento profissional em que se tornou possível a sua elaboração) representou um extraordinário avanço ao expressar, no plano da reflexão ética, boa parte do acervo de conquistas que a categoria vinha realizando desde a consolidação do Movimento de Reconceituação. A significação do Código de 1986 pode ser aferida, resumidamente, se se recordam as três dimensões substantivas que ele revela: a *negação da base filosófica tradicional*, nitidamente conservadora, que norteava a *"ética da neutralidade"*, enfim recusada; e a *afirmação de um novo papel profissional*, implicando uma nova qualificação, adequada à pesquisa, à formulação e gestão de políticas sociais.

Entretanto, este Código vem se mostrando insuficiente, segundo avaliação formulada pelos assistentes sociais e pelas entidades de Serviço Social, seja em função de seus limites teorico-filosóficos, seja quanto às suas fragilidades de operacionalização no cotidiano profissional. Parece claro, portanto, que no seio da categoria impõe-se uma urgente revisão do instrumento de 1986, a qual foi ratificada nos fóruns profissionais mais recentes: Seminário Nacional de Ética (1991); Encontros Estaduais; 7º CBAS (1992); XII ENESS (1992); XX Encontro Nacional CFESS/CRESS (1992). Ao nosso ver, portanto, o Código atual exige sérias modificações e acréscimos, incorporando já o acúmulo de reflexões feitas pela categoria e pelas suas entidades representativas — CFESS, ABESS, ANAS e Sessune.

Sua mudança se encaminha na direção de uma efetiva articulação entre as exigências da normatização — específicas de um Código de Ética Profissional — e a prática do assistente social, bem como na de um redimensionamento da capacidade e do direito de opção e decisão dos profissionais, nos marcos de uma ação crítica e democrática.

Privilegiamos, assim, nessas considerações, uma perspectiva onde os valores éticos estejam calcados na inserção histórico-social da profissão na totalidade concreta. Em certa medida, essa é uma preocupação já colocada para a categoria, que vem ganhando uma qualificação mais precisa nesse debate sobre a reformulação do Código.

Na verdade, essa revisão só tem sentido se forem *superadas* as insuficiências ali inscritas, preservando-se as conquistas expressas naquele Código e, desse modo, avançando-se no sentido de obter maior legitimidade e eficácia. Não se trata, pois, de abrir mão dos princípios e dos objetivos que, no Código de 1986, garantiram à profissão uma vinculação explícita às forças sociais progressistas e uma proposta profissional compatível com essa direção social. Entendemos, portanto, que a necessária revisão deve operar-se com a manutenção de uma clara opção por um *projeto social* e de um nítido *projeto profissional*. Assim, a revisão em curso — senão ao preço de converter-se numa operação restauradora do passado — supõe a preservação dos ganhos obtidos em 1986.

1.2 CÓDIGO DE ÉTICA: ELEMENTOS PARA SUA REFORMULAÇÃO

Fundamentos e perspectivas da proposta de reformulação

A reflexão ética, ou seja, a análise teórica dos fundamentos da moral, de suas categorias constitutivas (valor e dever ser) e de seu objeto privilegiado (bem) implica procedimentos crítico-históricos, já que a moral é, ela mesma, histórica e socialmente determinada. Eis por que, estando a reflexão ética sempre centrada no *bem*, seu conteúdo e significado variam: se, na sociedade da *pólis* grega, o bem supremo colocava-se como sendo a *felicidade*, nas sociedades contemporâneas ele se apresenta como a *liberdade*.

Nas sociedades contemporâneas, modeladas de alguma forma pelo ideário da modernidade, a questão central da *liberdade* inscreveu-se no coração mesmo da reflexão ética. Esta constatação, porém, não significa registrar a efetividade da liberdade: paradoxalmente, se, na cultura dessas sociedades, esse valor se impôs, na prática social ele se revela mais um *projeto* que uma realidade conquistada. De fato, dada a estrutura mesma dessas sociedades, assentadas na organização econômica capitalista, o projeto da realização da liberdade colide com as características da dinâmica daquelas. Sabe-se como a ordem burguesa limita o exercício da liberdade, que, sem esgotar-se na formalidade, frequentemente é reduzida a seus aspectos jurídicos. Uma das contradições mais visíveis da ordem burguesa é precisamente esta: ela fornece o quadro ideal para o desenvolvimento das demandas ligadas à liberdade, que, historicamente, se apresentam de modo concreto (direitos e garantias sociais e individuais, autonomia, autogestão social), mas, simultaneamente, bloqueia e impede a sua implementação.

Portanto, a luta pela democracia, assim como pela expansão e consolidação da cidadania, continua a ser uma tarefa primordial para toda a sociedade e, como tal, também para os assistentes sociais. Em particular, cumpre-nos uma contribuição efetiva nesse processo pela manutenção e ampliação dos direitos sociais e políticos das classes trabalhadoras, e, consequentemente, por uma redefinição mais abrangente da cidadania.

Nesse sentido, cabe considerar que um alargamento do patamar de direitos sociais depara-se inevitavelmente com os limites impostos pela lógica de reprodução das relações sociais capitalistas. Não se trata, pois, de assegurarmos simplesmente o nível de satisfação das demandas sociais; parametrados pelo limite mínimo ou máximo aceito pela ordem política liberal. Observa-se, assim, que o pleno aprofundamento da democracia, impulsionada para além desses limites, colide com a dominação capitalista e, ao mesmo tempo, coloca na ordem do dia a atualidade do socialismo.

Esse processo de ampliação da democracia e construção de um novo projeto societário deflagra a mobilização em torno do debate e da criação de novos valores éticos, o que, por sua vez, intensifica aquele processo. Os assistentes sociais, dessa forma, coerentes com o projeto profissional que vem sendo construído, deverão se somar ao movimento de constituição de novos valores éticos, fundamentados decisivamente na liberdade e na equidade.

Assim como em relação ao indivíduo e aos direitos de cidadania, cabe-nos um crítico posicionamento frente à questão da democracia, uma vez que, enquanto retórica, figura em todos os discursos e correntes políticas, mesmo nas mais conservadoras e excludentes proposições. Assumir, portanto, a democracia como um valor, em contraposição à perspectiva (neo)liberal, exige o exame de algumas considerações teóricas e políticas que assegure a sua redefinição e, consequentemente, a sua ampla explicitação. Entendemos que a realização da democracia corresponde, em determinado contexto histórico-concreto, ao patamar de socialização da participação política e, sobretudo, da riqueza produzida e da garantia do direito ao trabalho digno para a totalidade dos cidadãos. A democracia torna-se, portanto, valor ético-político central na medida em que é o único padrão de organização política capaz de promover e assegurar a explicitação de valores essenciais como liberdade e equidade.

A discussão ética afirma-se, assim, como uma contratendência ao imobilismo, à apatia e ao desencanto dos sujeitos diante dos dilemas sociopolíticos e culturais, enquanto expressão da crise dos valores morais do mundo contemporâneo.

Tudo isto confere à reflexão ética, nos dias de hoje, um significado especial: não lhe cabe apenas desvendar os fundamentos da moral contemporânea, bem como as implicações das contradições que a permeiam; cumpre-lhe detectar, nessas contradições, as possibilidades de sua superação, incorporando não só as demandas atualmente colocadas e não entendidas, mas, ainda, as demandas emergentes e a constituição de novos valores.

Parece supérfluo observar que a reflexão ética, como toda operação teórica, não é neutra ou isenta; quando se apresenta como tal, querendo mostrar-se imparcial, apenas procura mistificar a sua essência: na medida em que tematiza o dever ser, a ética é *sempre empenhada, comprometida, compromissada* com valores que dizem respeito a determinadas projeções sociais. É pertinente, pois, explicitar claramente os fundamentos que norteiam as suas formulações e os valores relativos àquelas projeções.

Entendemos que a reflexão ética deva ter como suporte uma ontologia do ser social, vale dizer, uma concepção do modo de ser e reproduzir-se do ser social.

Os valores, portanto, não são categorias abstratas, mas determinações da prática social que o pensamento reconstrói e conceptualiza. Tais determinações resultam da atividade criadora do ser social, tipificada no *processo do trabalho*. É mediante o processo do trabalho que o ser social se constitui, se instaura como distinto do natural, dispondo de capacidade teleológica, projetiva, consciente. É por essa sociabilização que o ser social se põe como ser capaz de liberdade. Ora, essa concepção já contém, em si mesma, uma projeção da sociedade: aquela em que se propicia aos que trabalham um pleno desenvolvimento para a criação e a invenção de valores, o que, evidentemente, supõe a erradicação de todos os processos de exploração, dominação e alienação.

Uma tal projeção enfrenta a realidade da ordem burguesa. Por isso mesmo, ela não interessa e envolve apenas todos aqueles para os quais a liberdade, assim pensada, se apresenta como um valor inquestionável; ela remete a protagonistas históricos que estão diretamente inseridos no mundo do trabalho — os trabalhadores são os seus operadores históricos fundamentais.

No caso dos profissionais de Serviço Social, a problemática daí decorrente se expressa em duas dimensões, estreitamente vinculadas. De uma parte, trata-se de profissionais que, na sua esmagadora maioria, são eles mesmos trabalhadores; de outra porque sua intervenção incide prioritariamente junto aos trabalhadores, tomados como classe, ainda que se considerando sua imensa heterogeneidade quanto ao processo de trabalho, ao gênero, à etnia etc.

Por essas razões, para os profissionais de Serviço Social a reflexão ética possui uma relevância específica, que se torna ainda maior quando a questão profissional é situada num contexto como o da sociedade brasileira, onde todo um caldo cultural historicamente conservador, elitista e excludente é possível de ser revigorado. E revigorado não só pela revivescência de um moralismo abstrato, mas ainda por práticas, públicas e privadas, que conduzem à restrição de tendências renovadoras e progressistas que se gestaram na nossa vida social nos últimos anos. Cabe registrar, porém, que ponderáveis forças sociais opõem-se a essa empreitada.

A sociedade brasileira vive hoje um momento crucial na conquista da sua maioridade democrática. Clássicas instituições políticas (parlamentos, partidos políticos, sindicatos e outras organizações da sociedade civil), amadurecidas no lento processo de abertura política, indicam efetivas possibilidades de consolidar e ampliar a cidadania nos seus níveis político e social. Essa tarefa assume grandes proporções se considerarmos o agravamento da crise econômica, resultante da implantação de estratégias vinculadas ao modelo neoliberal, expresso até então na proposta do chamado "Brasil Novo" (conjuntura do governo Collor).

Do ponto de vista econômico, as principais medidas resumem-se a uma política recessiva, com as consequências conhecidas e experimentadas pela grande maioria da população brasileira: desemprego, achatamento salarial, retração de investimentos na área social, sucateamento das empresas estatais, deterioração intensiva dos serviços públicos — política implementada ao mesmo tempo em que os recursos estatais são postos a serviço de grupos de elite e interesses particularistas.

Aprofunda-se o paradoxo: por um lado, perspectivas pouco alentadoras ameaçam prevalecer com a reiteração de práticas e comportamentos inescrupulosos na sociedade e no Estado, agudizando a cultura da desconfiança, da violência e do medo, extremamente favorável à expansão do conservadorismo; por outro, o avanço democrático, acelerado com o fim da ditadura, cristaliza-se em exigências éticas quanto a uma imprescindível transparência dos espaços públicos e dos atores políticos. Assim, o cotidiano político e social brasileiro constitui um terreno fértil para calorosos debates éticos, sobre a moralidade e os valores que a informam. Neste contexto, tem-se a possibilidade — por meio de uma postura incisiva e crítica — de os sujeitos sociais comprometidos com as lutas populares e democráticas desmistificarem retóricas políticas de ocasião, com vistas a atender, concretamente, reivindicações sociais dos trabalhadores e da massa da população brasileira.

Eis por que valores como a liberdade e a igualdade devem ser retraduzidos como referência e medida essenciais às relações sociais, o que implica apreender os valores como um campo aberto de possibilidades, a serem realizadas política e coletivamente, e não apenas como fruto de motivações individuais e utilitárias, de sorte que tais valores éticos devam constituir uma conduta que tenha a si mesma como fim.

O quadro, pois, remete para a centralidade da luta democrática, entendida como uma condição indispensável para a conquista dos direitos de cidadania e para o acúmulo de forças que a situe num patamar mais alto que o das concepções liberais, abrindo caminho para a criação de uma ordem societária onde a liberdade não sacrifique os ideais de igualdade social.

O Serviço Social e a Ética

Referida às profissões, a ética diz respeito à moralidade profissional: conjunto de normas e princípios que expressam escolhas axiológicas e funcionam como parâmetros orientadores das relações entre a profissão e a sociedade.

Podemos falar da ética profissional em duas dimensões: como espaço de reflexão teórica sobre os fundamentos da moralidade e como resposta consciente de uma categoria profissional às implicações ético-políticas de sua intervenção, indicando um dever ser no âmbito de determinada projeção social.

Nesse sentido, a reflexão ética sobre a profissão demanda a explicitação de seus elementos básicos constitutivos: sua base filosófica e os princípios e valores ético-políticos subjacentes a um projeto profissional definido historicamente.

Nos últimos anos, o avanço da reflexão ética tem propiciado uma leitura crítica dos fundamentos filosóficos da ética profissional, contribuindo para que no campo da produção teórica do Serviço Social seja reforçada a possibilidade de superação de uma visão ética abstrata e idealista; ao mesmo tempo, esse repensar incorpora o amadurecimento teórico-prático da profissão, buscando expressá-lo no plano do debate ético.

Tomando como parâmetro o texto final do "Painel de Ética", aprovado no 7º CBAS, por entendê-lo como expressão da atual reflexão ética da categoria a nível nacional, explicitaremos seus fundamentos básicos.

O referido texto apresenta uma visão ética historicamente situada. O homem é tratado como um ser resultante de relações sociais que não existem separadas dos indivíduos reais, isto é, não se pode compreender o indivíduo isolado das relações sociais, tampouco tomar as relações sociais independentemente dos indivíduos que as realizam.

Ontologicamente falando, este homem é um ser genérico, que, ao objetivar-se no mundo por intermédio do trabalho, se autodetermina como um ser universal, social, consciente e livre. Estes atributos constitutivos da essência humana são construídos historicamente pelo próprio homem, no seu processo de intervenção no mundo, isto é, na sua relação com a natureza, com os outros homens e com ele mesmo.

Assim, esse entendimento difere da concepção humanista tradicional, na medida em que a essência humana não é tratada como algo intemporal e absoluto, mas como uma construção histórica do homem.

Ao objetivar-se como um ser de escolhas, de liberdade, o homem projeta sua ação, criando e recriando valores. O valor é, então, considerado uma categoria ontológica social, expressão de relações sociais historicamente determinadas e, portanto, algo objetivo.

A moral apresenta-se como uma das formas de explicitação dos atributos do homem genérico, uma das possibilidades de o indivíduo particular relacionar-se com a sua genericidade. Funcionando como uma das mediações entre a particularidade e a universalidade humana, a moral permite ao homem objetivar-se no mundo como um ser capaz de formular escolhas, logo, potencialmente livre e criativo.

O caráter histórico e social da ética e da moral possibilita entendê-las como algo mutável e com determinações postas por antagonismos e interesses de classes, expressos em relações de poder crescentemente complexas (incluindo conflitos relativos às relações de etnia e gênero). Afirma-se, com isso, a coexistência de diversos valores ético-morais em confronto, bem como a relação existente entre a ética e a política.

Na medida em que o "bem" e o "dever ser" adquirem significados diversos na sociedade é preciso que a reflexão ética apreenda essa significação, relacionando-a a um projeto profissional inserido numa projeção social mais ampla.

Uma reflexão ética sobre a profissão demanda uma análise de seu significado na divisão social do trabalho e no processo de reprodução das relações sociais na sociedade capitalista.

O campo de atuação privilegiado do Serviço Social circunscreve-se em torno da viabilização de direitos sociais, expressos principalmente nas políticas sociais, programas institucionais e benefícios. Delimitando esse "território", uma gama de atividades é desenvolvida — desde planejamento até atendimento individual dos usuários, naquilo que usualmente denominamos "procedimentos metodológicos". Cabe ressaltar, no entanto, que tanto o campo de atuação quanto as atividades em si ou a metodologia de trabalho não são elementos suficientes para definir a singularidade do exercício do Serviço Social. Essa definição implica, sobretudo, o desvendamento do papel do Serviço Social na divisão social do trabalho e no processo de reprodução das relações sociais na sociedade capitalista. Ao se inserir na mediação entre a esfera dos interesses do Estado e das classes dominantes e a esfera dos interesses das classes trabalhadoras, o assistente social lida, no seu cotidiano, com a tensão resultante das contradições e divergências que se processam no interior dessa mediação — daí o caráter eminentemente ético-político da sua prática. Nesse sentido, pensamos ser útil ao debate a consideração sobre determinações da prática profissional de forma a garantir, no novo Código, maior eficácia na aplicação dos seus objetivos.

Atuando em torno da viabilização dos direitos sociais, o assistente social se depara, no seu dia a dia, com a questão da cidadania. Assumir essa categoria como um valor central requer que se atribua a ele uma qualificação precisa, a partir dos processos históricos concretos, buscando assegurar a superação de seus limites enquanto referência civil e política do pensamento liberal.

A realidade do capitalismo tem demonstrado que os direitos de cidadania revelam contradições em sua realização. A ideologia e prática liberais e a versão atual do liberalismo conservador — a neoliberal — opuseram-se, e ainda se opõem, não só à plena consecução dos direitos sociais, mas também, se necessário, à consecução dos direitos políticos. Os direitos políticos e sociais, conquistados pelas classes trabalhadoras, têm se revelado potencialmente como uma ameaça ao capitalismo. A plena explicitação desses direitos contrapõe-se, portanto, aos interesses das classes dominantes, já que apontam para a possibilidade de uma sociedade igualitária e livre, com a qual devem estar conjugados os valores éticos que informam a prática do Serviço Social.

Desse modo, cabe pensar a ética como uma questão que remete para o enfrentamento das contradições colocadas ao Serviço Social neste contexto, contradições que cotidianamente demandam posicionamento ético-político dos profissionais, no sentido do *dever ser* implícito num projeto profissional determinado historicamente.

As conclusões do 7º CBAS sugerem um projeto profissional voltado para a construção de uma nova sociedade de base igualitária e democrática, propondo como estratégia a luta pela redefinição da cidadania por intermédio da expansão dos direitos sociais e políticos.

No texto final do "Painel de Ética", colocam-se as seguintes considerações:

> Pode-se verificar em todas as teses a afirmação de valores como *liberdade, democracia, cidadania, justiça, compromisso,* considerados em sua significação histórica, de atendimento às exigências concretas dos homens em sua inserção sociocultural e não numa perspectiva abstrata, exterior às determinações de classes sociais.[1]

Enquanto parâmetros para a orientação ética, o documento indica duas referências prioritárias:

— "o projeto e o processo dos indivíduos em direção à liberdade e à autonomia, rompendo com os condicionamentos naturais e com a alienação social";

---

1. Relatório do painel. *Serviço social e ética.* CFESS, 7º CBAS, São Paulo, p. 25, maio, 1992.

SERVIÇO SOCIAL E ÉTICA

— "a construção de uma sociedade, que fundamentando-se efetivamente em valores igualitários e libertários, assegure a plena expansão dos indivíduos sociais".[2]

Em termos éticos, essa proposta, legitimada no 7° CBAS, compromete-se com a liberdade, entendendo-a como valor básico da moralidade. Neste sentido, fica implícita a negação a uma moralidade fundada no preconceito, no autoritarismo, na violência, no desrespeito às Constituições legítimas e aos direitos humanos. Dessa forma, o documento do Congresso ratifica a proposta de denúncia nos casos em que se constate o desrespeito aos usuários.

Cabe ressaltar que a adoção desses valores não é exclusiva do Serviço Social, mas representa o aprofundamento da sua inserção no eixo de lutas dos movimentos progressistas da sociedade em defesa da democracia. Sendo assim, a viabilização desse projeto profissional expressa a articulação da categoria com os movimentos gerais dos trabalhadores, bem como a unidade com outras categorias profissionais envolvidas em propostas cujo eixo ético-político seja orientado por aqueles valores.

O CÓDIGO DE ÉTICA PROFISSIONAL

Quando nos referimos a um Código de Ética, estamos tratando de uma dimensão da ética profissional que remete para o caráter normativo e jurídico que regulamenta a profissão no que concerne às implicações éticas de sua ação.

Indicando o *dever ser* profissional, o Código estabelece normas, deveres, direitos e proibições, representando para a

---

2. Id. ibid.

sociedade, de um lado, um mecanismo de defesa da qualidade dos serviços prestados à população; de outro, uma forma de legitimação social da categoria profissional. Para esta, o Código representa um instrumento que determina parâmetros para o exercício profissional, por meio de sanções e normas, consubstanciando a identidade profissional frente à sociedade.

Conforme aponta Carlos Simões,[3] a autonomia das chamadas profissões liberais, a diferenciação das demandas e os conflitos de interesses presentes no mercado de trabalho, a diversificação do regime de trabalho, a possibilidade de privilégios profissionais, a coexistência de diferenças ideológicas e de concepções teórico-políticas são alguns dos elementos que evidenciam a necessidade de um instrumento normativo que uniformize as condutas ético-profissionais.

A ética, no entanto, não se restringe a uma profissão, tampouco à sua normatização, o que leva à análise das limitações de um código, entre elas a da questão da internalização de valores em sua dimensão individual e coletiva.

A adoção de valores deve ser uma opção livre e consciente, que integre as várias dimensões da vida social numa postura ética coerente com determinada projeção social. Assim, um código não pode garantir de forma absoluta a realização dos valores e intenções nele contidos, uma vez que isto remete para a qualidade da formação profissional, para o nível de consciência política e de organização da categoria, para o compromisso dos profissionais enquanto cidadãos e para as condições objetivas que incidem sobre o desempenho profissional.

---

3. Cf. SIMÕES, Carlos. O drama do cotidiano e teia da história. In: *Serviço Social & Sociedade*, São Paulo, Cortez, n. 32, 1990.

A reflexão ética pode, então, ser encarada como uma das mediações entre o saber teórico-metodológico e os limites e possibilidades da prática profissional.

Nesta perspectiva, o Código de Ética pode retratar tanto o avanço como o descompasso da categoria frente às demandas colocadas pela realidade objetiva. O amadurecimento teórico-prático e político-profissional nas últimas décadas tem propiciado um redimensionamento da ação profissional, no sentido da busca de uma coerência com as necessidades e interesses colocados aos profissionais como trabalhadores. Este redimensionamento expressa a consciência profissional de que sua ação se insere na tentativa de solução de um conjunto de problemas que dizem respeito a todos os trabalhadores.

A realidade brasileira atual demanda um posicionamento ético de todos os cidadãos, o que se apresenta para os profissionais como mais um reforço à necessidade de vinculação entre a vida pública e a privada, entre a ética e a política, entre a vida profissional e a sociedade.

A coerência entre a dimensão profissional e a vida social no seu significado mais amplo é, pois, fundamental para que os valores contenham maiores possibilidades de realização. É nesta direção que o Código de Ética assume importância fundamental, pois ele pode ser um instrumento legítimo para o estabelecimento de normas que busquem garantir (dentro de seus limites) um respaldo à prática profissional. Com isto, estamos fazendo referência à parte operativa do código, que apresenta não só a tarefa de traduzir em deveres e direitos os valores eleitos pela categoria profissional, mas o desafio de torná-los o mais próximos possível da realidade cotidiana dos profissionais. A ideia é que eles vejam no Código não somente seu caráter punitivo, mas um instrumento privilegiado que permite à profissão expressar sua identidade ético-política à sociedade.

Respeitamos, dessa forma, os valores pertinentes a todas as correntes democráticas e suas expressões teóricas que dão suporte aos esforços profissionais de constante desenvolvimento pessoal, teórico, político e ético. O compromisso deve ser intransigente quanto ao direito à liberdade de discussão e de crítica e quanto ao direito de exercer o Serviço Social sem ser discriminado por questões de inserção de classe social, gênero, etnia, nacionalidade, opção sexual, religião, idade e condição física.

Cabe lançar mão de dois princípios éticos centrais para uma convivência profissional respeitosa e produtiva entre as linhas de pensamento que orientam a prática do assistente social: o compromisso com a igualdade e com a liberdade. Esta convivência não será jamais isenta de tensões, colocadas inclusive, pela necessária e legítima luta pela hegemonia no projeto profissional, que deve ser travada democraticamente.

2

A NOVA ÉTICA PROFISSIONAL: PRÁXIS E PRINCÍPIOS

Beatriz Augusto de Paiva
Mione Apolinario Sales*

> "Eu tropeço no possível, e não desisto de fazer a descoberta do que tem dentro da casca do impossível".
>
> C. Drummond

O debate sobre a ética no Serviço Social foi desencadeado pelas entidades nacionais da categoria a partir de 1991, culminando em 1993 com a aprovação do novo Código de Ética

---

* Membros da Comissão Técnica Nacional de Reformulação do Código de Ética Profissional (1992-93) e conselheiras do Conselho Federal de Serviço Social (CFESS) (gestões 1993-96 e 1996-99). Respectivamente, professoras do Curso de Serviço Social das Universidades Federal de Santa Catarina e do Estado do Rio de Janeiro.

Profissional do Assistente Social. Tratou-se de um esforço coletivo que visava redimensionar o significado dos valores e compromissos ético-profissionais, na perspectiva de lhes assegurar um respaldo efetivo na operacionalização cotidiana do Código, enquanto referência e instrumento normativo para o exercício profissional, entre outros propósitos.

Neste artigo pretendemos, então, explicitar com mais detalhes os argumentos e a lógica que presidiram a elaboração desse documento, de forma a torná-lo ainda mais acessível ao manuseio e à reflexão de profissionais e estudantes da área, ajudando, talvez, na descoberta de suas férteis possibilidades.

Para dar uma ideia mais precisa da nova ética profissional e do seu significado, faz-se necessário pontuar alguns elementos teórico-práticos que fizeram a trajetória recente do Serviço Social e que expressam a articulação da organização da categoria e do debate da formação profissional com a concepção ético-política do fazer profissional. O intuito deste texto é, assim, revisitar a práxis do assistente social, agora iluminada pelos princípios éticos firmados coletivamente pelo novo Código.

Dentro desse percurso histórico, cabe resgatar a contribuição teórico-política e o giro prático-profissional representado pela elaboração do Código de 1986, e, também, o porquê da necessidade de sua revisão, a qual deu lugar ao atual Código (1993).

SERVIÇO SOCIAL E ÉTICA: UMA CONSTRUÇÃO COLETIVA

O Código de 1986 representa um marco da ruptura ética e ideopolítica do Serviço Social com a perspectiva do neotomismo e também com o funcionalismo, influências tradicionais do Serviço Social até então. Isto fica evidente quando, de maneira simples, esse código postula novos deveres para os assistentes sociais, tais como democratizar as informações e tentar alterar a correlação de forças no âmbito institucional.

Um elemento fundamental da inovação empreendida pelo Código de 1986 refere-se à questão da denúncia: cabia ao assistente social denunciar as falhas das instituições e, também, as falhas éticas de outros profissionais, o que não era enfatizado pelos Códigos anteriores. Havia essa possibilidade, mas tanto a formação teórico-prática quanto a orientação ético-profissional não suscitavam a crítica, nem reconheciam as contradições. Os imperativos éticos e a postura profissional que lhes eram concernentes sinalizavam sempre a intenção e o dever de "ajustar"; mesmo entre os assistentes sociais, predominava a perspectiva de se evitar ou de apaziguar as situações de conflito.

Mas o Código de 1986 mostrou-se, em certos aspectos, insuficiente do ponto de vista teórico e filosófico, e também apresentou fragilidades quanto à sua operacionalização no cotidiano profissional. É importante, assim, situar esses problemas para que se possa avaliar se o atual Código alcançou e superou os limites que estavam presentes no de 1986.

Uma preocupação-chave nesse último processo de revisão, por sua vez, era garantir que o Código de Ética pudesse constituir um instrumento político e educativo, sem deixar de contemplar o aspecto normativo e punitivo. Dentro do raciocínio da crítica ao Código de 1986, queria se dizer e demarcar o seguinte: aquele se propunha muito mais a dar conta do aspecto político e educativo do que dessa dimensão normativa. No Código de 1986, havia, pois, um privilégio das instruções teórico-metodológicas de como conduzir a prática profissional: dever-se-ia, por exemplo, priorizar o trabalho com grupos, em equipes, de forma coletiva. Tinha-se quase um ensinamento do *como fazer*, e não do que se deve ou não deve fazer frente aos compromissos assumidos.

O Código precisa tematizar, na verdade, *o dever ser*: como a prática pode ser realizada de acordo com os princípios éticos definidos pelo projeto político-profissional, devendo recusar o que não é aceitável dentro do exercício do Serviço Social, ou seja, o que é proibido e vedado ao assistente social fazer. Tais parâmetros não ficavam, porém, suficientemente claros no texto anterior, em termos de possibilidades de respostas a situações e dilemas profissionais, demonstrando a presença mais de uma entonação teórico-metodológica do que de uma configuração normativa.

Por outro lado, tratava-se de um documento muito datado, na medida em que possuia um forte traço conjuntural. Este dado significa que, ao descolar, de certa forma, a atenção da totalidade da prática profissional — em razão daquele contexto de profundas esperanças democráticas, esse Código acabou perdendo em eficácia, porque não considerou a singularidade da intervenção do assistente social. Ele vai apresentar, portanto, uma leitura marcadamente idealista e voluntarista no que tange ao potencial político da profissão. Isto quer dizer que, se foi uma conquista descobrir e atentar para a dimensão política da prática, por outro lado houve um excesso de ênfase no aspecto político e também de ideologização no Código de Ética. Ademais, o Código não pode gozar só de legitimidade. Era preciso ter eficácia e também legalidade para respaldar a conduta profissional que ele mesmo estava suscitando.

Carlos Simões, em seu texto "O drama do cotidiano e a teia da história — direito, moral e ética do trabalho" (1990), nos ajuda a compreender e a desmistificar o aspecto corporativo do Código de Ética e da ética profissional, uma vez que a sua reflexão nos possibilita vislumbrar a perspectiva do *compromisso* e também da necessidade do *controle* da sociedade sobre as práticas profissionais liberais. Não é possível exercermos a nossa prática somente a partir de uma referência endógena: "devo dar satisfação apenas aos meus colegas!". Contrariamente, é preciso imprimir sentido à prática profissional a partir das demandas e interesses dos usuários e da sociedade civil como um todo. A prática profissional, com seus direitos e deveres, não é algo que possa se instituir só com referência na própria categoria.

Mesmo considerando a *autonomia* do processo de trabalho, característica das profissões liberais como o Serviço Social, é justamente essa peculiaridade que exige a codificação moral de seu exercício, de maneira a garantir um controle, pela sociedade, da qualidade e probidade dessas práticas. Impõe-se, então, a necessidade de constituir limites e parâmetros, traduzidos em normas uniformizadoras das condutas profissionais, como contratendências à competitividade profissional instigada pelo mercado capitalista. Conforme descreve Simões:

> Tais categorias [liberais] tendem a atuar, amiudamente, como concorrentes do processo de apropriação da renda nacional. Isto exige a adoção do individualismo, a busca de prestígio, *status* profissional, aspirações pessoais de carreira, privatização de informações profissionais, métodos e técnicas (...). O meio de controle do trabalho cotidiano desses profissionais, no estágio de desenvolvimento das forças produtivas atual, é a formalização desses valores e juízos morais. É um controle social que assenta no complexo de motivos humanísticos, socialmente exigidos.[1]

---

1. SIMÕES, Carlos. Op. cit., p. 62-8.

No que diz respeito ao Serviço Social, a incorporação objetiva desse raciocínio mostra-se hoje no compromisso com os usuários das políticas e programas sociais, mas configurado, agora, de uma forma ampla e imbricada com a particularidade dos desafios da prática profissional. Deste modo, o Código atual manteve os princípios e valores que permitiram a conexão orgânica da profissão com os setores mais progressistas da sociedade; e, também, a construção de um projeto profissional afinado com as demandas inerentes a essa direção social. Foram, assim, preservados os ganhos obtidos com o Código de 1986, somados a uma compreensão nova desse instrumento como mecanismo de defesa da qualidade dos serviços prestados à população e como forma de legitimação social da categoria profissional.

O Código de Ética de 1993, como o foi também o de 1986, não se pretende somente corporativo, mas tenciona assegurar vínculos com as prioridades da sociedade. Dessa maneira, o atual Código se propõe a estabelecer nexos com essas prioridades, as quais vão estar bem expressas por meio de princípios e valores. A perspectiva é, então, buscar fortalecer uma clara identidade profissional articulada com um projeto de sociedade mais justa e democrática.

Nesse sentido, o novo Código realizou um esforço com vistas à tradução e materialização de diversas situações inerentes ao processo de trabalho do assistente social, no intuito de abranger os dilemas éticos. Houve neste âmbito um especial empenho voltado para melhor definir e precisar a objetivação dos valores e princípios éticos universais no seio do cotidiano da profissão.

Esse Código é instado, pois, a operacionalizar uma mediação entre a dimensão do privado e a dimensão do público, no plano da profissão, considerando que ambas são essenciais. Isto equivaleu a prever direitos e deveres que circunscrevessem o amplo leque de necessidades e exigências individuais frente às demandas coletivas. Coube, assim, compatibilizar a instância dos direitos individuais de proteção do exercício profissional com os deveres suscitados na relação com o usuário, instituição, outros profissionais etc., direitos e deveres estes determinados também pela especificidade técnica e política do processo de trabalho do Serviço Social. Com isso, promove-se o *resgate do sentido autêntico da ética*, no seu papel simultâneo de articulação e regulação dos componentes técnico e político do fazer profissional, onde se deflagram diferentes contradições resultantes do conflito entre o individual e o coletivo.

De acordo com essa acepção, a ética consegue sinalizar os horizontes maiores onde se inscrevem as práticas sociais — território dos grandes projetos e *fins* éticos. Mas ela também indaga e norteia sobre as condições objetivas no espaço de trabalho que favorecem ou limitam a concretização dos compromissos coletivos. Nesse momento, a ética argúi ainda sobre os *meios*, e, principalmente, contribui para a sua melhor definição frente aos objetivos profissionais.

No desenvolvimento de sua prática, os sujeitos profissionais são, assim, mobilizados e pressionados eticamente, pois compete a eles, e somente a eles, realizar escolhas dentre as diferentes alternativas, apoiando-se no que estabelece o Código de Ética, de onde se coloca a tensão positiva, porque de crescimento, entre a *autonomia* e o *dever*. Esta tensão remete ao que eu, enquanto assistente social, posso e quero fazer — logo, refere-se ao meu desejo e à minha adesão aos compromissos profissionais —, e por outro lado, àquilo que *devo fazer* como algo parametrado coletivamente pelo projeto ético-político da categoria. Desse modo, cabe ao assistente social aliar sua vontade, iluminada pela ética profissional — como intencionalidade de associação, de coletividade, de compromisso — com o seu saber teórico-prático crítico e, ainda, com as necessidades e possibilidades das circunstâncias, do que resultará o produto de sua ação.

CONHECENDO MELHOR O CÓDIGO DE ÉTICA DE 1993

Feitas essas considerações de natureza histórica e filosófica, cumpre situar o entendimento que presidiu a elaboração do novo Código. Em primeiro lugar no sentido de qualificá-lo como referência ético-política, foi necessário, delimitar com clareza os valores e compromissos éticos e profissionais. Afinal de contas, "só com valores nos tornamos capazes de prometer. De prometer e cumprir".[2] Desta maneira, o conteúdo dos princípios indica um conjunto de valores fundamentais, os quais perpassam, por sua vez, enquanto motivação e exigência ético-políticas, todo o Código.

Em segundo lugar procurou-se, com o intuito de aprimorar e salientar sua dimensão normativa, estabelecer um elenco de regras jurídico-legais. Assim, atitudes e posturas, concernentes a situações emblemáticas do processo de trabalho do assistente social, foram previstas e traduzidas na forma de artigos. Os artigos são, portanto, dotados da capacidade, seja de orientar as melhores escolhas, seja de detectar e combater as infrações à ética profissional. A partir daí, tais infrações tornam-se passíveis de denúncia por qualquer pessoa que se sinta lesada em seus direitos, decorrente da atuação profissional do assistente social, e, portanto, de ser

---

2. FREIRE COSTA, Jurandir. *A ética e o espelho da cultura*. Rio de Janeiro: Rocco, 1994. p. 10.

alvo da apreciação e ação dos órgãos fiscalizadores da categoria, os Conselhos Regionais de Serviço Social — CRESS.

Duas preocupações nortearam a análise e a produção do novo Código de Ética, a saber:

- torná-lo um instrumento efetivo no processo de amadurecimento político da categoria bem como um aliado na mobilização e qualificação dos assistentes sociais diante dos enormes desafios e demandas da sociedade brasileira. Urgia transformá-lo num mecanismo concreto *de defesa da qualidade dos serviços profissionais* que desempenhamos;

- e, complementarmente, havia que constituí-lo como um mecanismo eficaz de *defesa do nosso exercício profissional*, por meio da garantia da legalidade de seus preceitos, fornecendo respaldo jurídico à profissão.

Esclarecidos esses propósitos, convém ainda informar sobre a lógica de exposição que norteou a confecção do Código. Após a introdução, que sintetiza os principais temas do documento-base da revisão (publicado neste livro), tem-se a citação dos onze princípios fundamentais que balizam o projeto e os compromissos ético-profissionais.

Além disso, sua estrutura é composta de quatro títulos, sendo o terceiro destinado a normatizar as diferentes relações que o profissional estabelece no exercício do Serviço Social — com usuários, instituições empregadoras, outros profissionais e entidades —, bem como regular, por meio de capítulos específicos, o sigilo profissional e a relação do assistente social com a Justiça.

Constam dos seis capítulos uma série de artigos, organizados a partir da tríade: *direitos, deveres*, que, por sua vez, apresentam como contraponto as *proibições*. Ou seja, é vedado aquilo que contraria o substrato dos direitos e deveres, enquanto formalizações de imperativos éticos.

SERVIÇO SOCIAL: PRÁXIS E PRINCÍPIOS

Cumpre abordar rapidamente sobre a concepção que fundamenta os princípios ético-profissionais do Serviço Social, a fim de reforçar o seu entendimento e apreensão. Devido a sua formulação mais geral, os princípios merecem aprofundamento em seus nexos teórico-práticos, objeto deste texto. Salientamos que os onze princípios não podem ser analisados e tratados isoladamente, porque foram elaborados dentro de uma lógica que os articula. Então, não procede seccionar os princípios da democracia e da cidadania, nem os da liberdade, do respeito à diversidade, ou do pluralismo, enfim, todos eles. Isto porque os princípios que compõem o Código de Ética de 1993 têm coerência e encadeamento internos, complementando-se entre si, o que acrescenta dialeticamente a cada um novos sentidos e proposições.

Obedecendo a ordem do geral ao particular, o primeiro princípio é o do *reconhecimento da liberdade como valor ético central e das demandas a ele inerentes: autonomia, emancipação e plena expansão dos indivíduos sociais*. Esse princípio solicita que se tenha a compreensão, no exercício do Serviço Social, de que a necessidade da liberdade não pode suplantar o ideal da igualdade; a igualdade requer a liberdade e vice-versa. Não se trata de uma concepção de liberdade como a presente no liberalismo, que a percebe apenas como livre-arbítrio ou que coincide com o individualismo. Não é possível reduzi-la ao estrito âmbito das decisões individuais, pois a experiência da liberdade se constitui como uma construção cole-

SERVIÇO SOCIAL E ÉTICA

tiva. Muito embora se dê também, com relação a essa concepção da liberdade vinculada ao primeiro princípio, o resgate da dimensão do indivíduo, diferentemente do Código de 1986 que fazia menção apenas à questão do coletivo e à esfera do público.

O conceito de liberdade que a que faz referência o Código de Ética dos Assistentes Sociais exige a sua própria redefinição, apontando para uma nova direção social, que tenha o indivíduo como fonte de valor, mas dentro da perspectiva de que a plena realização da liberdade de cada um requer a plena realização de todos. Para tanto, é preciso garantir as demandas que a ela se vinculam — *autonomia, emancipação e plena expansão dos indivíduos sociais*. Sabe-se, contudo, que esse projeto de realização da liberdade é colidente com a dinâmica social capitalista, que em si é limitadora da liberdade, quase sempre reduzida aos seus termos formais e jurídicos.

Embasado nessa fecunda noção de liberdade, o Código de 1993 opera o resgate da dimensão do indivíduo como sujeito com direito à liberdade. Quando se opta pela caracterização dos *indivíduos sociais*, estamos expressando uma concepção mais ampla de indivíduo que se deseja construir, com a qual estamos comprometidos — "a cada um segundo as suas necessidades e de cada um segundo as suas possibilidades", conforme diz Marx. Daí o claro posicionamento em favor da construção de uma nova sociedade.

Assim, de que maneira a liberdade emerge como um problema no cotidiano do profissional? Ela pode, por exemplo, se colocar como um fosso intransponível entre o nosso desejo de transformação e as condições objetivas que envolvem o fazer profissional. Sentimo-nos, então, diante da ausência de liberdade, atados ora pela impotência e pela resignação, ora pela visão fatalista e determinista das circunstâncias. Essa postura, fruto da inércia conformada no interior do sujeito — no caso o assistente social — é qualificada por Marilena Chaui como uma situação em "que diante da adversidade, renunciamos a enfrentá-la, fazemo-nos cúmplices dela e isso é o pior. Pior é a renúncia da liberdade".[3]

Portanto, face ao dilema da liberdade, podem-se afigurar caminhos mistificadores, seja o da submissão passiva, de que "nada podemos fazer", seja o da atitude ilusória da liberdade absoluta, em que é possível "fazer tudo" e em qualquer direção.

O assistente social comprometido com a construção e a difusão da liberdade não sucumbe, porém, a este "vão combate", mas faz da necessidade o campo da criação e do sonho da liberdade como realidade. Isto significa que o profissional aposta e é capaz de empreender a sua ação como uma "unidade entre a autonomia e direção",[4] interpretada como e pelo projeto político-profissional. Enfim:

> "A liberdade é a capacidade para darmos um sentido novo ao que parecia fatalidade, transformando a situação de fato numa realidade nova; criada por nossa ação. Essa força transformadora, que torna real o que era somente possível e que se achava apenas latente como possibilidade, é o que faz surgir (...) um movimento anti-racista, uma luta contra a discriminação sexual ou de classe social, uma resistência à tirania e a vitória contra ela.[5]

Assim, o exercício do Serviço Social só é compreendido nessa perspectiva, da reinvenção do cotidiano, da iniciativa,

---

3. CHAUI, M. *Convite à filosofia*. São Paulo: Ática, 1994. p. 357.

4. RIOS, Terezinha Azeredo. *Ética e competência*. 3. ed. São Paulo: Cortez, 1995. p. 62.

5. CHAUI, M. Op. cit., p. 359.

fruto da crítica social e do dimensionamento das estratégias político-profissionais, a exigir uma delicada sintonia entre o saber técnico e a competência política.

O segundo princípio é o da *defesa intransigente dos direitos humanos e recusa do arbítrio e do autoritarismo*. Esse princípio, formulado nesses termos pela primeira vez num Código de Ética dos Assistentes Sociais — alerta para o fato de que os assistentes sociais, sobretudo da segunda metade dos anos 1970 até hoje, vêm se posicionando contra todo tipo de abuso de autoridade, torturas, violência doméstica, grupos de extermínio; isto é, vêm demonstrando historicamente a sua firme vinculação à luta em favor dos direitos humanos. Tal formulação estabelece-se, pois, como uma exigência imprescindível para a consecução dos nossos valores éticos, uma vez que sua violação contraria os postulados básicos da humanização e sociabilidade igualitária. Estamos cientes de que o Brasil, já há muito tempo, está sendo avassalado por práticas de crueldade, típicas de um contexto de "barbárie civilizada", cometidas por autoridades policiais (anteriormente, militares também), traficantes e até pela própria população, que, em desespero, vem "fazendo justiça" com as próprias mãos, configurando situações bastante avessas à vigência dos direitos humanos. Por mais que a indignação e a revolta façam parte da experiência ética, elas não podem ser exercidas com esse nível de arbítrio, ou seja, a violência como resposta à violência. Deixa-se, com isso, de aliar a razão ao humanismo, e o que predomina, então, é o irracionalismo e o terror, o que não têm nada a ver com essa perspectiva.

O desemprego, a fome, a carência de educação digna para todos, o descrédito e a morosidade do Judiciário, a impunidade generalizada, a falta de horizontes etc.; concorrem para o embotamento das consciências e o embrutecimento dos indivíduos. Perante esse quadro de crise social e ética, onde sobressai a imoralidade consentida e incentivada para alguns, delineia-se o retrato mesquinho de "uma nação cuja elite apodreceu e arrasta tudo e todos para dilemas sórdidos": "a bolsa ou a vida", ou "sem bolsa nada de vida". Ainda segundo Jurandir Freire Costa, "quem pode prever [numa realidade destas] o que se torna necessário para defender o valor da vida?"[6]

Não há como desvincular o aprofundamento da desigualdade e, mais, a degradação das condições de vida, das múltiplas expressões que a violência assume na nossa sociedade, hoje sob a égide do neoliberalismo: hostilidades étnicas e regionais, particularismos e exacerbação do individualismo, entre outras tensões e contradições objetivas e intersubjetivas.

O senso comum, informado pela ideologia dominante cinicamente indiferente, faz vista grossa às várias e sutis formas de violação dos direitos humanos. Desse caldo de cultura, propício ao arbítrio e ao autoritarismo, é que se alimentam, por exemplo, visões de mundo como as que se seguem:

> Para que aumentar o salário mínimo de um povo tecnicamente desqualificado, sem disciplina de trabalho, e que, além do mais, gasta todo dinheiro que ganha em bebida, futebol, rádios de pilha (...)? Para que justiça, se "eles" utilizam as prerrogativas dos direitos humanos para assaltar nossas casas, nossos filhos, nossas lojas e nossos automóveis? Para que educação, se são burros e preguiçosos por natureza? Para que habitação se são incapazes de trabalhar para manter a casa limpa? (...) Para que saúde, enfim, se proliferam aos milhares, entupindo nossas ruas de mendigos e crianças abandonadas? Não, essa

---

6. COSTA FREIRE, J. Op. cit., p. 99.

gente não é como nós; não ama como nós, não come como nós, não sofre como nós nem precisa viver como vivemos.[7]

A possibilidade de romper com esse conservadorismo, justificador da desigualdade, acena para uma permanente crítica e autocrítica aos comportamentos e pensamentos reprodutores do paradigma da crueldade e da desumanização. Trata-se de empreendermos uma recusa e um combate nos espaços institucionais e nas relações cotidianas, diante de todas as situações que ferem a integridade dos indivíduos e que os submetem ao sofrimento, à dor física e à humilhação. Como contraponto a essa lógica da perversidade e da omissão, os assistentes sociais devem se imbuir, pelo que o Código de Ética sinaliza, de um espírito e de uma postura assentados numa cultura humanística e essencialmente democrática.

Porém, o território da luta em prol dos direitos humanos mostra-se deveras desafiador e, por vezes, ameaçador. Neste sentido, não podemos subestimar o fato de que a coragem aqui é uma virtude e uma aliada imprescindível, pois o conhecimento em si não é dissipador dos medos, ao contrário. Como afirma André Comte-Sponville,

> A coragem nada mais é que a vontade mais determinada e, diante do perigo ou do sofrimento, mais necessária (...) mas a coragem está no desejo, não na razão; no esforço, não no ditame. Trata-se sempre de perseverar em seu ser, e toda a coragem é feita de vontade (...) um começo sempre recomeçado, apesar do cansaço, apesar do medo, e por isso sempre necessário e sempre difícil (...). Como toda virtude, a coragem só

---

7. Id. ibid., p. 147-8.

existe no presente (...), se trata de ser corajoso, não amanhã ou daqui a pouco, mas "no ato".[8]

Embora a premência desse agir ousado e corajoso não se configure em todas as situações aflitivas, nem o tempo todo, é preciso que o assistente social esteja atento e forte para enfrentá-las, dominá-las e, quiçá, superá-las, como almejamos. Com certeza, o Código de Ética constitui-se, nesse tipo de luta, como um instrumento que oferece respaldo às decisões e atitudes profissionais, balizando-as com critérios éticos, o que já é um passo importante.

O terceiro princípio é o da *ampliação e consolidação da cidadania, considerada tarefa primordial de toda a sociedade, com vistas à garantia dos direitos civis, políticos e sociais das classes trabalhadoras.*

Este é um princípio de presença vital no projeto ético-político do Serviço Social, na medida em que temos a particularidade de atuar no espaço de viabilização de direitos. Estamos à frente de políticas sociais, programas institucionais, benefícios e, também, realizando atividades que vão desde o planejamento até o atendimento individual. Desenvolvemos, portanto, toda uma gama de ações em torno das políticas sociais e dos direitos sociais. Esse tipo de localização institucional do assistente social propicia, assim, uma relação bastante peculiar com a questão da cidadania, assim como com a da equidade e da justiça.

A plena realização da cidadania se identifica, pois, com o projeto societário com o qual estamos comprometidos. Daí por que não podemos nos restringir à referência de cidadania

---

8. COMTE-SPONVILLE, André. *Pequeno tratado das grandes virtudes*. São Paulo: Martins Fontes, 1995. p. 59-61.

posta pelos parâmetros da ordem civil e política liberal, que é aquela que se contenta com um limite mínimo (precaríssimo) para a satisfação das necessidades básicas dos indivíduos, principalmente no que tange aos trabalhadores. Os assistentes sociais não têm que se orientar por esse limite, e, sim, lutar para que o nível de possibilidade de atendimento das necessidades dos trabalhadores e dos usuários do Serviço Social seja amplo, ambicionando a contemplação integral dos direitos sociais, e não aquela cidadania que se esgota nas cestas básicas, na entrega do leite, ou simplesmente num vale. Não que esses benefícios não sejam considerados importantes. Temos, inclusive, como categoria profissional, protagonizado toda uma luta e defesa da assistência social como política pública, porém não a pleiteamos descontextualizada das demais políticas sociais.

Comprometermo-nos com a cidadania implica apreendê-la na sua real significação, o que seguramente exige a ultrapassagem da orientação civil e política imposta pelo pensamento liberal, e, como tal, a superação dos limites engendrados pela reprodução das relações sociais no capitalismo. A cidadania, de acordo com a nova acepção ético-política proposta, consiste na universalização dos direitos sociais, políticos e civis, pré-requisitos estes fundamentais à sua realização.

São muitos os impasses e as dificuldades que perpassam o dia a dia da prática profissional: precariedade de recursos, aviltamento das condições de trabalho, rebaixamento salarial, entraves institucionais, projetos e programas intermitentes e à mercê da política governamental. Com isto, somos conclamados constantemente a reafirmar e consolidar os objetivos do Serviço Social, na certeza de que a consecução dos compromissos e direitos são oportunizados pela história (sempre dialética) de luta e conquistas dos trabalhadores.

Então, qual a contribuição que se espera dos assistentes sociais? O terreno onde se inscreve a luta pela ampliação e defesa dos direitos de cidadania é prenhe de conflitos e estes se apresentam como matéria mesma da nossa intervenção. A mediação exercida pelo profissional, na tensão entre a universalização de direitos e os limites econômicos decretados pela lógica da lucratividade, exige o trabalho politicamente engajado na potencialização das reivindicações e interesses presentes nos conflitos, de forma a estabelecê-los como direitos. Assim, o cotidiano institucional — viabilização do acesso a benefícios, triagem, plantões etc. —, marcado por pressões dessa natureza, solicita ao profissional, com frequência, a produção de estratégias teórico-metodológicas e políticas que não devem se distanciar dos fins e princípios éticos. As respostas a serem construídas em meio à imediaticidade dessas demandas, imprescindíveis e inadiáveis, não podem, contudo, se resumir ao enfrentamento de fatos isolados, estanques ou absolutizados. Isto quer dizer que, à consciência da importância da intervenção nos problemas engendrados neste dinamismo não deve seguir a subestimação e/ou negação dos projetos coletivos de médio ou longo prazo, a exemplo do que indicam os princípios do Código.

Um outro princípio que precisa ser melhor explicitado nos termos em que é proposto pelo Código é o da *defesa do aprofundamento da democracia, enquanto socialização da participação política e da riqueza socialmente produzida*. Intimamente ligada à defesa da cidadania, a concepção de democracia preconizada pela categoria aponta para a necessidade de socialização da riqueza e distribuição de renda. Para além da democracia política, consentida e tolerada pela ordem liberal burguesa, a democracia que queremos reclama igualdade de acesso e oportunidades para que todos os indivíduos tenham direito a um trabalho e existência dignos, a condições de moradia, saúde, educação, lazer e cultura. Esse tipo de democracia, todavia, não cabe dentro dos objetivos e dos limites da sociedade burguesa, porque tal conteúdo social contraria o núcleo de relações fundantes da acumulação capitalista, a qual se estrutura a partir da exploração de uma classe sobre a outra.

Ao nos posicionarmos em relação a uma concepção mais abrangente de cidadania e de democracia, as quais requerem a socialização da participação política e da riqueza socialmente produzida, estamos questionando a lógica do capitalismo. Isso não quer dizer que estejamos subdimensionando ou negando a importância da democracia política. Pelo contrário, entendemos que a democracia constitui o único sistema de organização política capaz de favorecer a expressão da liberdade, da equidade e da justiça.

A caracterização de que o capitalismo não soma nem rima com democracia social manifesta sua total pertinência neste final de século, num contexto hegemonizado por mudanças profundas no modo de produção capitalista.

O atual temário político segue alinhado aos ditames do neoliberalismo, mesmo quando as principais medidas econômicas têm se revelado estéreis e perversas, penalizando a maioria da população com o aumento do desemprego, cortes nos gastos sociais, desregulamentação dos direitos sociais e trabalhistas, maior concentração de renda etc. Eis que tal quadro anuncia os desafios societários que se avolumam em face do enraizamento de um modelo que exacerba as contradições entre a ética e a economia.

Nesse cenário, o Código de Ética Profissional dos Assistentes Sociais de 1993 é contundente em seu repúdio ao bar-

barismo da vida social encetada pelo neoliberalismo e congêneres, que põem em marcha um receituário de ampliação da exclusão. A socialidade inaugurada pelo neoliberalismo tenta mistificar e ignorar, sob os néons da globalização e do desenvolvimento tecnológico, as suas próprias consequências.

Vê-se, então, como é oportuna e fecunda a discussão da democracia em meio a este processo econômico que sabemos ser tão desfavorável ao patrimônio ético e libertário das conquistas sociais e políticas da classe trabalhadora obtidas em mais de um século de luta e organização. Chaui chama a atenção para um aspecto bastante relevante no embate estratégico de superação dos limites acima evidenciados:

> Os obstáculos à democracia não inviabilizam a sociedade democrática. Pelo contrário. Somente nela somos capazes de perceber tais obstáculos e lutar contra eles.[9]

Tal como os demais princípios, a reinvenção da democracia se situa também como parâmetro das relações interprofissionais. Está relativamente subordinada, portanto, à intencionalidade e ao compromisso dos agentes singulares. No âmbito da relação que se estabelece entre o assistente social e o usuário, ser democrático significa romper com as práticas tradicionais de controle, tutela e subalternização. E, mais, contribuir para o alargamento dos canais de participação dos usuários nas decisões institucionais, entre outras coisas, por meio da ampla socialização de informações sobre os direitos sociais e serviços.

Com apoio de recursos críticos e criativos, o Serviço Social pode investir numa tendência de autodesenvolvimen-

---

9. CHAUI, M. Op. cit., p. 435.

to dos indivíduos sociais, capaz de conferir nova direção social às suas atividades — de planejamento, formulação e implementação das políticas sociais —, incluindo aquelas partilhadas com outros atores.

O quinto princípio expressa o *posicionamento em favor da equidade e justiça social, de modo a assegurar a universalidade de acesso aos bens e serviços relativos aos programas e políticas sociais, bem como sua gestão democrática.*

A justiça social fala da necessidade imperiosa de se atribuir a cada um o que é seu, no sentido do respeito à igualdade de direitos e aos indivíduos. Ela tenta corrigir as insuficiências e problemas decorrentes do modo de os homens se organizarem e produzirem a sua própria vida. Logo, numa sociedade como a capitalista, a justiça figura sempre como um ideal a ser perseguido, cuja objetividade se assenta, de um lado, sobre a legalidade, com todo o seu signo controverso, e, de outro, sobre a igualdade.

A justiça, tal como a democracia e a liberdade, pressupõe a dignidade de cada um e os direitos do outro; solicita, por conseguinte, a reciprocidade e a equivalência, a partir do reconhecimento da igualdade dos homens entre si. Como diz Comte-Sponville, "a justiça é a igualdade, mas a igualdade dos direitos", não obstante todas as tensões e contradições e, ainda, o requisito do empenho da vontade que a sua prevalência mínima requer.

Não se trata, portanto, de direitos naturalmente adquiridos ou assegurados, mas de frutos do amadurecimento de uma consciência coletiva e da intensa mobilização política em prol da equidade, apesar das diferenças e desigualdades de fato.

Embora marcados por um conteúdo fortemente utópico, esses princípios constituem valores essenciais ao nosso compromisso ético, imbricados que estão com a realização da democracia e da liberdade. A defesa da equidade e da justiça social funciona, pois, como signo da luta pelo efetivo processo de democratização do acesso e usufruto dos serviços sociais. Ao par dessa referência e medida fundamentais, a ação profissional se põe por inteiro a serviço do compromisso com a universalidade de direitos e de alcance das conquistas e riquezas sociais.

É necessário insistir na questão da universalidade, porque os assistentes sociais precisam fortalecer cada vez mais, junto aos usuários, o entendimento de que eles têm direito ao franco trânsito e alcance em termos dos programas e das políticas, enquanto primeira forma de viabilizar a distribuição de riquezas produzidas no seio da sociedade capitalista. É bem verdade que, historicamente, o assistente social foi, muitas vezes, contratado para empreender a rígida seleção de quem é mais necessitado: os carentes dentre os mais carentes. Em tela sempre uma elegibilidade, com a construção de critérios, beirando o artificialismo, de mensuração dos níveis de pobreza e exclusão.

Estamos na mediação das políticas sociais, entretanto não é nosso papel difundir esse tipo de concepção restritiva ou ainda acatar essa lógica que preside a distribuição dos benefícios e dos programas. Nós, assistentes sociais, temos, sim, que apoiar a sociedade civil na sua luta em prol da universalidade de acesso ao atendimento e à cobertura social nas áreas da saúde, previdência, assistência, educação, moradia e trabalho.

De modo distinto do que tradicionalmente se espera e do que se solicita ao Serviço Social, cabe-nos, no processo de implementação dos programas e políticas sociais, contribuir para a radical democratização dos critérios de elegibilidade como estratégia de *inclusão* de um número sempre crescente

SERVIÇO SOCIAL E ÉTICA

de cidadãos nessas frações do patrimônio econômico-social, coletivamente erigido.

Neste contexto, o assistente social, enquanto um dos agentes impulsionadores de mudanças no plano das relações sociais e de poder na esfera institucional, deve mobilizar sua potência ético-política e profissional na direção da justiça e da equidade, contudo sem falsas ilusões ou amargos ceticismos. De acordo com Comte-Sponville:

> Não são os justos que prevalecem, são os mais fortes, sempre. Mas isso, que proíbe sonhar, não proíbe combater. Pela justiça? Porque não, se nós a amamos? A impotência é fatal; a tirania é odiosa. Portanto, é necessário 'pôr a justiça e a força juntas'; é para isso que a política serve e é isso que a torna necessária (...). O que é um justo? É alguém que põe sua força a serviço do direito e dos direitos.[10]

O sexto princípio refere-se ao *empenho na eliminação de todas as formas de preconceito, o respeito à diversidade, à participação de grupos socialmente discriminados e à discussão das diferenças.* Esse princípio é muito instigante e totalmente novo em relação aos Códigos precedentes. Primeiro, porque vai resgatar a dimensão privada e individual da experiência ética, já comentada acerca do princípio da liberdade, reconhecendo e valorizando os direitos e preferências individuais dos assistentes sociais e usuários. Depois, porque fica muito claro que o assistente social trabalha numa esfera onde o confronto de valores culturais e sociais está muito presente: na relação do usuário com o assistente social, do assistente social com outros profissionais, e entre os próprios assistentes sociais.

Essa temática é de grande centralidade na discussão da ética, possuindo aí um lugar especial, seja pela intensidade

---

10. COMTE-SPONVILLE. Op. cit., p. 95-6.

das polêmicas que desperta, seja pela delicadeza que reclama para o seu fiel tratamento valorativo.

Devemos, então, indagar: como podemos nos opor eticamente ao problema do preconceito e da discriminação? O arcabouço filosófico e político detalhado nas argumentações anteriores, concernentes aos princípios da liberdade, igualdade, democracia, justiça e cidadania, conforma o caldo de cultura essencial à batalha ideológica levada à frente pelas classes trabalhadoras como parte do secular esforço civilizatório de humanização.

Dentro disso, cabe explicitar, mais uma vez, que a ética é engendrada historicamente e determinada pela cultura, sendo aquele seu feixe de valores produto da luta pela afirmação da condição humana. A realização gradual e contínua da humanidade se expressa sob o signo da genericidade — materializada em exigências sociais, ideias, instituições etc., que foram construídas coletivamente e que também foram capazes de atravessar diferentes épocas e sociedades, mantendo-se viva e válida a sua capacidade valorativa e emancipadora para os indivíduos. Mas no tempo presente em que se faz a história, no cotidiano de uma comunidade concreta, como no caso da sociedade capitalista, é preciso distinguir, dentre os vários projetos societários, aquele que realiza mais e melhores valores. No decurso do processo histórico do último século, as classes trabalhadoras, por intermédio de seus movimentos e de uma militância consciente, vêm se empenhando no sentido de democratizar o produto social e de instituir a ética, de fato, como uma práxis. Como diz Agnes Heller, a ética "não pode existir sem uma realização prática, sem se realizar na prática de algum modo".[11]

---

11. HELLER, A. *O cotidiano e a história*. Rio de Janeiro: Paz e Terra, 1985. p. 121.

Os indivíduos, em face disso, como integrantes dos grupos e classes sociais, ao mesmo tempo em que são seus produtores, se reapropriam dos conteúdos ético-culturais, traduzidos em normas, regras, conceitos, prenoções etc., re-significando-os continuamente, com o que se estabelece uma interação dialética entre indivíduo e sociedade. Assim, conforme Chaui, o campo ético remete inexoravelmente ao:

> (...) universo cultural, histórico-cultural, que põe os critérios de valoração das situações, de valoração das ações realizadas e que põe para nós o modo de relação com o outro. A Ética, portanto, não se realiza na solidão de alguns sujeitos, mas na intersubjetividade social, no mundo cultural e histórico.[12]

Para o bem e para o mal, como se vê, "a cultura é a morada da ética". Convém, então, ter em mente que os indivíduos se movem a partir tanto da moral constituída *a priori*, repassada pelas tradições e costumes, quanto da construção de novos valores decorrentes do posicionamento crítico e da intervenção consciente do indivíduo na realidade. Das "certezas" adquiridas inicialmente, o indivíduo pode ser levado a reproduzir, de maneira acrítica, noções e convicções por toda a vida, ou pode ser surpreendido e despertado "pelo plano trágico da dúvida e da responsabilidade".[13] — um momento ímpar da subjetivação ética.

Sabemos que o preconceito é uma das expressões do pensamento cotidiano, marcado por repetições, rotinas e pela rigidez do modo de vida. É, neste caso, um pensamen-

---

12. CHAUI, M. Ética e subjetividade: uma reflexão. In: SEMANA SOCIAL BRASILEIRA — BRASIL: ALTERNATIVAS E PROTAGONISTAS, 2., Brasília, 1994. (Mimeo.)

13. GARAUDY, Roger. Por uma discussão sobre o fundamento da moral. In: DELLA VOLPE, Galvano et al. *Moral e sociedade*. Rio de Janeiro: Paz e Terra, 1982. p. 8.

to fixado na experiência, empírico e ultrageneralizador, que se manifesta na forma de estereótipos, analogias e simplificações, ou seja, são juízos provisórios. Na acepção de Agnes Heller, "juízos provisórios, refutados pela ciência e por uma experiência cuidadosamente analisada, mas que se conservam inabalados contra todos os argumentos da razão, são preconceitos".[14] Esta autora chama a atenção ainda para um aspecto emblemático desse fenômeno, seja, o fato de os indivíduos possuírem uma "fixação afetiva no preconceito", assim como uma espécie de fé. Portanto, sinaliza para a desinformação, ignorância e irracionalismo presentes no comportamento preconceituoso, os quais contribuem para tolher a autonomia do indivíduo, por estreitarem as suas possibilidades e alternativas reais de escolha.

Não ceder aos argumentos "fáceis" e preconcebidos é uma das primeiras atitudes do sujeito consciente no embate contra os preconceitos. Um outro anteparo nessa luta é a construção de uma confiança em ideais e convicções que ultrapassem a nossa particularidade individual e, consequentemente, nossos interesses egoísticos. É preciso ainda que se acredite na capacidade do conhecimento e da experiência em refutar ideias que outrora acalentamos.

Só poderemos nos libertar dos preconceitos se assumirmos corajosamente o contínuo processo de desalienação, o que equivale, na formulação de Gramsci à superação do senso comum: inicialmente como bom senso e, por fim, como práxis libertária. Assim, o contraponto ao preconceito dá-se por meio do resgate da ética na perspectiva da afirmação dos indivíduos sociais, como sujeito livres, críticos e criativos,

---

14. HELLER, Agnes. Op. cit., p. 47.

porque: "sem um ideal que caucione a vida social, o homem se torna um ente que viaja na escuridão".[15]

A noção de direito, nesse conflitivo campo das diferenças, precisa ser lucidamente revigorada como ideal ético, pois são inúmeras as tentativas de cindir o homem em sua porção de natureza e cultura, no intuito de justificar a hierarquização dos indivíduos e a sua desigualdade — com base em traços e características biológicas e sociais. Parte das condutas movidas pela discriminação e pelo preconceito pretende, pois, fundamentar sua razão de ser, e de se exceder, alegando esse tipo de justificativa naturalizadora.

Tais tentativas propõem-se, em outras palavras, a absolutizar os determinismos e particularismos — étnicos, religiosos, sexuais, econômicos etc. — em detrimento de uma ética definida coletivamente e que objetiva assentar o convívio humano sobre o respeito, a dignidade e a liberdade.

Em tese, o assistente social é um profissional privilegiado nessa empreitada, por conta da natureza sociopolítica da sua ação e, sobretudo, pelo cabedal de conhecimentos reunidos no processo de formação. Se o cotidiano profissional é, por um lado, entrecortado por uma série de dilemas e angústias, por outro é passível de ser iluminado pela reflexão e reinvenção integrantes do debate da ética na profissão.

O fato de lidarmos com a efetivação de uma prática social torna premente o nosso dever de exercitar e suscitar a tolerância e o respeito diante do outro e das diferenças, requisitos fundamentais para o amadurecimento da democracia e da liberdade. Imputamos, assim, um alto valor ético a essa postura profissional, mesmo sabedores de que, infeliz-

---

15. FREIRE COSTA. J. Op. cit., p. 13.

mente, o preconceito é impossível de ser banido na sua totalidade. Isto significa que não se deve, portanto, no fazer profissional, atuar com parâmetros e crivos meramente pessoais, muitas vezes balizados por valores religiosos, morais e pré-noções conflitantes com o universo ético-profissional. Todavia, não se trata, de maneira alguma, de invocar a neutralidade, mas, sim, de preconizar o respeito à diferença e ao outro, o que é completamente distinto. Há que se ressaltar, neste caso, a importância da isenção, como atributo técnico-profissional necessário e condizente com a nossa atividade, uma vez que contribui para a mediação e a regulação de circunstâncias e acontecimentos marcados por conflitos e tensões dessa natureza, no contexto do processo de trabalho do assistente social.

De acordo com o princípio em foco, cabe-nos, enquanto profissional imbuído de razão — assentada em conhecimentos teórico-práticos e compromissos éticos —, formular estratégias de ação visando contribuir para a desalienação dos diferentes atores com os quais contracenamos no espaço institucional. Outrossim, é dever do assistente social incentivar o respeito à diversidade, a participação dos grupos discriminados e a explicitação e o debate das diferenças. Esta é uma das mais importantes parcelas que nos compete como profissionais e cidadãos na construção de uma cultura humanista, democrática e plural.

O princípio seguinte fala da *garantia do pluralismo, por meio do respeito às correntes profissionais democráticas existentes e suas expressões teóricas, e do compromisso com o constante aprimoramento intelectual*. Este princípio vem coroar um profícuo debate que foi gestado e acumulado, nos anos 1980, no âmbito do Serviço Social, do qual participaram diferentes linhas de pensamento que estavam em disputa pela hegemonia

SERVIÇO SOCIAL E ÉTICA

quanto à orientação e direção social do projeto político-profissional do assistente social. Essa discussão é assaz rica e certamente desborda a esfera das profissões. Hoje, por exemplo, a questão do pluralismo também está presente no debate dos movimentos sociais e da política.

No que diz respeito à polêmica interna do Serviço Social, é preciso deixar claro que pluralismo não significa que todas as posições teóricas e político-profissionais se equivalem. Todas têm direito a uma expressão teórica e política, onde se lhes deve garantir o máximo de condições de liberdade de crítica e de discussão, no entanto essas concepções terão repercussão e influência diferenciadas na própria categoria. Esta vai optar e se posicionar por aquela que, a seu ver, melhor explica e enfrenta os dilemas da prática profissional, e que consegue decifrar mais amplamente essa realidade e os seus desafios.

A superação do mito da neutralidade traz no seu bojo a desmistificação da homogeneidade e da harmonia no terreno do debate de ideias. A constatação inequívoca da legitimidade da disputa, que ora defendemos, se contrapõe à atitude hesitante e fugidia dos que não trabalham bem a divergência e que, outrora, se escudavam atrás daquele mito. É evidente que o confronto de opiniões, a explicitação dos argumentos e a convivência com as concepções alheias não se confundem com agressividade, perda da polidez e intolerância. As ideias e as posições políticas é que devem ser combatidas e não as pessoas. Também não podemos confundir debate com rivalidades pessoais. Tratam-se apenas de pessoas que divergem e não de inimigos. Uma compreensão distorcida desse processo só leva à cristalização de posturas imobilizadoras, bloqueando o fluxo de ideias e a troca de experiências. A perpetuação desse jogo cego, movido mais pelas paixões e preconceitos do que pela razão, é incompatível com os ideais de liberdade, democracia, igualdade, enfim, com os princípios do Código de Ética do Assistente Social.

Defendemos, pois, uma concepção do pluralismo com hegemonia, o que é diferente de supremacia: quando a predominância de determinada posição teórico-prática não admite controvérsias nem o fluxo da polêmica, enfim, não admite o debate.

Ainda com relação ao pluralismo, ressalta-se que este supõe uma convivência respeitosa e produtiva entre todas as correntes que circulam no Serviço Social. Mas não se pode desejar, sob pena de frustração, que essa convivência seja isenta de tensões e conflitos; isto é, vão continuar a existir polêmicas e momentos de acirramento, entretanto não se pode perder de vista, dentro dessa atitude plural, o respeito às várias orientações democráticas.

O oitavo princípio diz: *opção por um projeto profissional vinculado ao processo de construção de uma nova ordem societária, sem dominação — exploração de classe, etnia e gênero*. Este princípio amplia a visão sociopolítica e ontológica sobre o ser social que comparece no Código de 1986, procurando, agora, estender o olhar do profissional para outras determinações, como as de gênero e de etnia, trazendo consigo, ao mesmo tempo, a concepção de classe.

A categoria dos assistentes sociais selou seu compromisso ético-político, referenciando-se nos ideais igualitários e libertários pertencentes ao horizonte das lutas sociais dos trabalhadores. O sonho da democracia, a ser consolidado sobretudo pelo enfrentamento real da desigualdade, mantém-se atento à agenda de proposições que os movimentos sociais vêm construindo.

Dentro disso, o eixo do projeto político-profissional tem sido a defesa das políticas públicas e da qualidade dos serviços prestados à população, na perspectiva da garantia da efetivação dos direitos sociais, onde sobressai a nossa militância política junto a várias entidades e atores da sociedade civil. Isto revela o adensamento do compromisso da categoria de assistentes sociais para com as necessidades e prioridades sociais, demarcadas pela luta dos segmentos populares no Brasil.

As transformações pelas quais tem passado a profissão desenvolvem-se, pois, em sintonia com o movimento das forças políticas socialistas e democráticas, protagonistas da luta pela construção de um novo projeto societário. Emir Sader consegue, nesta bela passagem, captar o sentido histórico do projeto ético-político dentro do qual nos inserimos coletivamente:

> ser de esquerda no mundo de hoje significa participar da reinvenção concreta de uma nova sociedade, baseada na justiça social e na solidariedade, na realização prática dos direitos de cidadania sem qualquer tipo de exclusão. Significa lutar e concretizar um mundo de educação, de cultura, de autonomia individual e realização social. Significa realizar o sonho desses *anjos tortos* que acalentam os desejos de felicidade perseguidos pelos homens e mulheres ao longo da história.[16]

A década de 1990 tornou-se o palco do enfrentamento, resistência e indignação frente ao aprofundamento das tendências de barbárie inscritas na ordem capitalista. Nessa

---

16. SADER, Emir. *O anjo torto*: esquerda e direita no Brasil. São Paulo: Brasiliense, 1995. p. 195.

conjuntura, estamos sendo desafiados, então, a reexaminar e aprimorar nossa contribuição político-profissional face às inúmeras mudanças econômicas e ideológicas impostas pelo novo reordenamento do capitalismo em escala mundial. Cabe-nos, assim, indagar quais as alternativas e caminhos fecundos de organização e atuação para os assistentes sociais no seu cotidiano profissional diante dos processos sociais que estão em curso. Desse modo, o lugar e o papel do Serviço Social como parceiros nessa luta dependem de nossa capacidade de contribuirmos para a contra-ofensiva ao neoliberalismo.

Enquanto categoria politizada, assumimos o posicionamento crítico frente a esse paradigma econômico-social privatizante e perverso — que busca dar uma sobrevida ao capitalismo após a crise da década de 1970 — e à necessidade de compreensão do significado das largas mudanças no mundo do trabalho, bem como definimos o apoio às lutas coletivas gerais dos trabalhadores como uma de nossas prioridades. O desdobramento dessa articulação prevista no Código de Ética expressa-se hoje na intensificação da participação nos fóruns de discussão, formulação e controle social das políticas públicas. Este é um exemplo de investimento e reforço nos espaços propositivos e reivindicatórios delineados na pauta de defesa da cidadania, em meio à luta democrática do país.

Uma das principais inovações ainda na formulação ética enunciada pelo Código de 1993 é a atenção dedicada às distintas determinações do ser social — etnia e gênero —, como um dos recortes explicativos e configuradores da identidade e particularidade dos indivíduos sociais. Essa nova inflexão sociopolítica e antropofilosófica assinalada pelo Código amplia o campo de preocupações e de proposições interventivas para o Serviço Social, oportunizando a contemplação da perspectiva da totalidade. O reconhecimento do amálgama de contradições que singularizam o sujeito na práxis societária complexifica e oportuniza o melhor deciframento da realidade, permitindo que se capte as distintas formas de conflitualidade, demandas, interesses, dentre outros, que integram o esforço e a manifestação da sociabilidade dos indivíduos.

Esse giro ético-cultural propicia ao assistente social — na relação direta com os usuários e grupos, no trabalho com comunidades, na formulação de programas e políticas sociais —, valiosos elementos e subsídios que reafirmam a sua qualificação e contribuição como profissional legitimado para o trabalho e luta no campo da defesa e ampliação dos direitos de cidadania.

Eticamente, o Serviço Social empreendeu um salto muito grande em relação ao seu passado, quando nos anos 1980 introduziu o saber prático-crítico como conteúdo da formação e exercício profissionais, difundindo uma visão do indivíduo e da sociedade assentada em bases reais. O sujeito político por excelência, apresentado então como o principal protagonista do projeto de transformação social, era a classe trabalhadora. Constituiu-se esta, assim, uma referência política muito importante para a profissão, a qual repercutiu inovadoramente no conjunto das condutas dos assistentes sociais pela via do compromisso ético, não obstante as polêmicas teórico-metodológicas suscitadas por essa opção. Contudo, a forma dicotomizada e abstrata como esse posicionamento foi interpretado acabou por reduzir a compreensão dos processos sociais à oposição burguesia/proletariado, espelhando a influência do estruturalismo no Serviço Social. Deixava-se, então, escapar a percepção de que a contraditoriedade interna à sociedade burguesa é marcada também pela conflitualidade entre grupos e perpassada por determinações como as de gênero, etnia e outras.

Após a vivência e a avaliação do Código de 1986, chegou-se, enfim, à conclusão da necessidade de assegurar o compromisso com a classe trabalhadora, mas traduzido de uma maneira ampla e articulada com a particularidade dos desafios da prática profissional. Desse modo, o código atual resguardou os princípios que permitiram a vinculação explícita da profissão com os usuários dos serviços sociais e com a construção de um novo projeto societário, agora afinado com as múltiplas demandas inerentes a essa direção social, portanto, respaldado por uma concepção de sociedade que preconiza o fim da dominação ou exploração de classe, etnia e gênero.

Outro princípio é o da *articulação com os movimentos sociais de outras categorias profissionais que partilhem dos princípios desse Código e com a luta geral dos trabalhadores.*

Como afirmamos, os assistentes sociais, em sua agenda de luta, têm assegurado a centralidade do papel da ética no processo de enlace das diferentes dimensões que permeiam nosso projeto político profissional.

Para além da referência normativa, o Código de Ética dos Assistentes Sociais revelou-se como uma fértil condensação dos compromissos históricos, sobre os quais erigimos os princípios fundamentais que substanciam a profissão, a saber: a liberdade e a justiça social, articuladas a partir da exigência democrática, esta compreendida na sua definição mais ampla, enquanto socialização da política e riqueza socialmente produzida. Nesta direção, tais valores, que hoje dão conteúdo à ética profissional dos assistentes sociais, estão efetivamente conectados às demandas colocadas no dia a dia institucional e às prioridades ético-políticas da sociedade brasileira em geral. São necessidades profissionais que dizem respeito ao acesso a condições de trabalho condignas no âmbito da luta pela universalização das políticas sociais.

Hoje constata-se com facilidade que a discussão da ética no Serviço Social extrapolou o território demarcado pelo Código de Ética. A conscientização e a mobilização dos profissionais acerca da relevância da nossa presença atuante na luta dos trabalhadores e na transformação da sociedade, assim como no deciframento e potencialização da dimensão política da prática profissional, constituem o saldo de uma época — os anos 1980.

Ao longo desse processo, foi sendo gestada uma cultura profissional insubmissa, que, plasmada em todos esses sujeitos e realizações coletivas, constitui a essência do compromisso ético-profissional do assistente social com a luta geral dos trabalhadores.

Em sintonia com as discussões e deliberações realizadas pelos mais de 3.400 assistentes sociais participantes do 8º CBAS (Salvador, julho de 1995), colocamo-nos como meta, para o exercício profissional cotidiano, a tradução — sob o prisma da ética — do nosso posicionamento crítico acerca da barbárie, da desumanização, exploração e aviltamento da vida, impostas à maioria da população brasileira. Precisamos, portanto, remover o 'velho' obstáculo da desesperança e da apatia. E se, sob esses assustadores tempos neoliberais, os valores da justiça, cidadania e igualdade degradam-se no seu real significado, a ética em si não perde a sua potência. Cabe-nos concretizá-la em fatos, atitudes, projetos e utopias, conforme a sua essência original; logo, como construção de uma sociabilidade sem dominação-exploração de classe, etnia e gênero, que assegure autonomia, emancipação e plena expansão aos indivíduos sociais.

O décimo princípio, por sua vez, estabelece o *compromisso com a qualidade dos serviços prestados à população e com o aprimoramento intelectual na perspectiva da competência profissional.* Primeiramente, cumpre desmistificar certo discurso, ainda vivo no Serviço Social, sobre a competência originário da racionalidade tecnocrática formal burguesa e amplificado no contexto da ditadura militar. A competência, sob esse enfoque, apresenta-se enquanto técnica desenvolvida com eficácia por um sujeito que se submete acriticamente a um corolário de exigências burocrático-administrativas e, também, às regras e à disciplina da organização. Nessa ótica, não só a prática profissional deve se encaixar em instituições estruturadas segundo a lógica da autoridade e da hierarquia, como o cientificismo e a neutralidade constituem parâmetros idealizados quanto ao aprimoramento profissional. Marilda Iamamoto sintetiza bem a realidade dessa dinâmica institucional, acesa no imaginário e na prática dos defensores desse tipo de eficiência técnica:

> O resultado é claro: legitima-se, assim, a subordinação do profissional, do usuário, dos sujeitos sociopolíticos, em nome da competência sancionada pelos cargos da hierarquia institucional, ritualista e oca no seu conteúdo.[17]

Felizmente, a categoria, nos últimos vinte anos, conseguiu investir na reflexão e produção de um saber e de uma prática críticos, sintonizando-se com a história de lutas e com as prioridades sociais da população brasileira, o que impede,

---

17. IAMAMOTO, M. V. *Renovação e conservadorismo no serviço social*: ensaios críticos, São Paulo: Cortez, 1992. p. 183.

hoje, qualquer demonstração de alheamento em termos das atitudes profissionais.

Isto significa que vem se efetivando uma aposta cada vez maior na relação entre técnica, política e ética, como condição mesma da proficiência, no caso, de uma profissão como a de Serviço Social, a qual está inserida no âmago dos conflitos das esferas da produção e reprodução. Se, nos anos 1980, uma das principais conquistas foi a descoberta e a ênfase da dimensão política da prática profissional, cresce agora a visualização do papel de mediação e articulação desempenhado pela ética entre o saber e a práxis política. Tal mediação se exerce pelas seguintes vias:

— como interiorização dos valores e princípios ético-profissionais, suscitadora de novas posturas e projetos de intervenção, pondo-se os conteúdos teóricos recebidos em movimento ou suscitando a consciência da necessidade de novo investimento na capacitação profissional; enfim, como enriquecimento dos carecimentos individuais e profissionais, enquanto uma opção pelo difícil, como signo do crescimento e não pelo conformismo e acomodação fáceis;

— ou, ainda, como construção pessoal e profissional mais completa, que requer a participação consciente e ativa, seja nos fóruns da categoria, seja nos espaços coletivos de discussão e formulação de políticas públicas, e também junto aos movimentos sociais e demais organismos democráticos de atuação política.

Pensar politicamente, como forma de contribuir para a propulsão de mudanças, afigura-se hoje para os assistentes sociais como um requisito simultaneamente ético e técnico. As noções de responsabilidade, disciplina e dever fazem-se presentes como esteio do fazer profissional, sendo que agora aliados à referência da liberdade e do compromisso. Isto porque tal referência é fomentadora de uma convicção e de um empenho concreto na realização de uma ação.

A motivação e mobilização dos profissionais, provocadas por esta tríade — ética, técnica e política — favorece, assim, não só uma releitura do poder institucional, mas um rompimento com a apatia, resignação, tédio e frustração, associados à falta de alternativas de intervenção, típica do estágio de "insulto aos males" do cotidiano.

Além disso, a competência não é algo pronto e acabado, nem se adquire de forma mágica e instantânea. Também não é produto do espontaneísmo ou de modelos fixos e predefinidos nem da empreitada solitária dos indivíduos. Trata-se, sim, de uma experiência gradual e compartilhada, interseccionada pelas circunstâncias e condições de trabalho, enquanto componentes limitadores ou favorecedores do competente desempenho profissional.

Terezinha Rios caracteriza, com um misto de brilho e simplicidade, o que vem a ser competência:

> Ela é construída cotidianamente e se propõe como um ideal a ser alcançado. Pode-se constatar isto quando procuramos, em qualquer espaço de ação profissional, fazer o elenco de características 'definidoras da competência', uma espécie de concretização do 'saber fazer bem' para cada categoria de profissionais. Descobrimos que se trata de um conjunto de requisitos que não fazem parte, em sua totalidade, do desempenho dos indivíduos. Entretanto, verificamos que *podem fazer* — e sua possibilidade é verificada na própria realidade. Se existem no real como possibilidade, podem vir a se tornar no futuro, na prática concreta dos profissionais. Assim, vamos *nos tornando* competentes, realizando o ideal que atende às exigências — históricas sempre — do contexto em que atuamos.[18]

---

18. RIOS, T. Op. cit., p. 79.

SERVIÇO SOCIAL E ÉTICA

Quanto ao entendimento presente no Código de Ética acerca da necessidade de aprofundamento da defesa da qualidade dos serviços prestados à população, urge assegurar aos usuários e às instituições, no que compete à profissão, presteza no oferecimento dos programas e na realização do próprio Serviço Social. Dentro disso, cabe sinalizar, mais uma vez, que este é um esforço coletivo a ser abraçado pelo conjunto da categoria. Um esforço que compreende a qualificação dos objetivos a serem alcançados no que diz respeito à concepção de competência almejada para a nossa profissão, a saber: capacidade de crítica teórica, consistência histórica mais refinamento político, habilidade para projeções estratégicas no desempenho de atividades técnicas e políticas, e mais, superação de perspectivas reducionistas e unilaterais como praticismo, teoricismo, ecletismo e voluntarismo. Estas últimas constituem marcas tanto de um passado profissional distante quanto recente, que se fizeram em meio às tentativas — ora turvas, ora vãs, ou mesmo aquelas lúcidas — de afirmação e consolidação da *excelência* no que se refere à profissionalidade do Serviço Social e, por conseguinte, de obtenção de legitimidade frente à sociedade brasileira.

O signo ético-político das conquistas profissionais, no contexto dos anos 90, parece atestar o êxito de uma nova concepção de competência, cuja referência primordial Iamamoto caracteriza como "reconciliação da profissão com a realidade".

Finalmente, o último princípio: *exercício do Serviço Social, sem ser discriminado, nem discriminar por questões de inserção de classe social, gênero, etnia, religião, nacionalidade, opção sexual, idade e condição física.*

Esse princípio assegura direitos para os assistentes sociais e, também, exige o respeito para com as diferenças dos usuários e outros profissionais. Muito mais do que uma bela afirmação de compromissos, destaca-se no conjunto das proposituras éticas do Serviço Social pelo sensível imbricamento de importantes ideais e pressupostos valorativos que o compõe. Ou seja, contempla as preocupações anteriores no que diz respeito à experiência particular e subjetiva da liberdade, tanto pertinentes a grupos e atores sociais quanto aliada às diversas inflexões e explicitações das singularidades que determinam os indivíduos, cultural e socialmente.

Ao operar mediações entre as diferentes esferas da sociabilidade capitalista e os contrapontos delineados no âmbito das relações interpessoais, os valores e princípios éticos permitem a configuração de parâmetros e critérios a partir dos quais os indivíduos adotam suas condutas, ainda que alienada e intuitivamente. Assumimos nossa identidade, dentre a humanidade, pela maneira própria, particularizada, como trabalhamos, moramos, amamos, opinamos, desejamos, odiamos, agimos, sentimos prazer e dor, nos posicionamos diante das coisas e dos outros, decidimos, nos sentimos felizes ou infelizes. "Na diferença está a matriz da identidade."[19] Saber trabalhá-la eticamente constitui a fertilidade e a potencialidade dos nossos conhecimentos e ações.

Com isto, não estamos propondo o retorno a uma tendência privatista e/ou individualista da experiência e formulação éticas. Ao contrário, significa proclamar que os dilemas ético-políticos do cotidiano não podem ser generalizados na sua forma, sob pena de simplificações e abstrações já recusados pelas demandas e interesses profissionais. É preciso, então, estarmos cientes e críticos para o enganoso atalho das verdades absolutas e das avaliações dicotomizadas-mani-

---

19. FREIRE COSTA, J. Op. cit., p. 147.

queístas de certo e errado, bem e mal, como contratendência necessária ao combate à discriminação.

A retomada da crítica ao preconceito deve garantir, pela substantivação da dimensão do direito, o exercício do Serviço Social e a relação com os que integram a vida profissional cotidiana a partir do que são, isto é: de famílias de fazendeiros ou camponeses, homem ou mulher, negro, índio ou branco, petista ou pefelista, evangélico ou umbandista, brasileiro ou estrangeiro, homo ou hetero, jovem ou idoso, portador de deficiência ou não, enfim, um indivíduo como outro qualquer com manias, atributos, características que o particularizam exclusivamente, mas que em nada justificam qualquer tipo de exclusão ou privilégio, que extrapolem o âmbito estrito da competência profissional.

Por detrás da aceitação plena do "direito à sua identidade" encontra-se a "identidade de direitos" com todos aqueles que partilham dessa sociabilidade. O pressuposto para o acolhimento e respeito às diferenças e o banimento à discriminação encontra um fértil caminho no exercício da tolerância, tal como ilustra Comte-Sponville:

> Tolerar é aceitar o que poderia ser condenado [pelo preconceito], é deixar fazer o que se poderia impedir ou combater. Portanto, é renunciar a uma parte de seu poder, de sua força, de sua cólera...[20]

Mas, pode haver ainda uma outra face da tolerância — a omissão ou a conivência. Como todo valor, a sua adoção acrítica e casuística pode incorrer em violação ou em erro maior, portanto, seguindo esse raciocínio, não há tolerância

---

20. COMTE-SPONVILLE. Op. cit., p. 176.

absoluta; sua infinitude paradoxalmente constitui o próprio fim da tolerância. Ainda citando Comte-Sponville:

> Tolerar é responsabilizar: a tolerância que responsabiliza o outro já não é tolerância. Tolerar o sofrimento dos outros, tolerar a injustiça de que não somos vítimas, tolerar o horror que nos poupa não é mais tolerância: é egoísmo, é indiferença, ou pior (...). Antes o ódio, antes a fúria, antes a violência, do que a passividade diante do horror, do que essa aceitação vergonhosa do pior! Uma tolerância universal seria tolerância do atroz: atroz tolerância...[21]

Porém, há ainda uma terceira face desse prisma e que parece alimentar outras distorções como a perpetuação de preconceitos e a defesa de privilégios particularistas e egoístas. Pois então, fruto das verdades absolutas, misto de fanatismo e desconhecimento, o dogmatismo — substrato da intolerância — enquadra, classifica, aprova e reprova *a priori* e a seu bel-prazer:

> o dogmatismo prático, que pensa o valor como uma verdade, conduz assim à consciência tranquila, à auto-suficiência, à rejeição ou o desprezo do outro — à intolerância.[22]

Por isso, se abdicarmos do salutar dom da dúvida e da alteridade estaremos nos enredando nas teias do conformismo, da submissão, da reprodução da desigualdade, enfim, no continuísmo daquilo tudo que repudiamos e combatemos. A capitulação ou omissão diante de tudo que aí está leva-nos à perpetuação das velhas práticas discriminatórias e intole-

---

21. Id. ibid., p. 177.
22. Id. ibid., p. 184.

rantes, que com toda convicção estamos preparados para combater: o individualismo exacerbado, o machismo, o racismo, a subserviência, a homofobia, o comportamento autoritário, a perseguição, mesmo que dissimulada, aos que de nós divergem, e a recompensa fortuita aos que conosco concordam.

Como última consideração, é oportuno reivindicar, mais uma vez e como sempre, a imperiosa atuação consciente e, claro, libertária, democrática e igualitária do profissional de Serviço Social, no sentido unívoco da construção e incorporação dessas novas posturas e virtudes plenamente humanísticas e inconformistas. Tal proposta de conduta ética e de convicção política passa — no desenho desses *novos princípios* e de *uma nova práxis* — a contribuir para que o Serviço Social venha a se firmar como categoria legitimada e admirada socialmente.

Concluindo, cabe registrar que o Código de Ética, por melhor elaborado que seja nos seus mais diversos aspectos, e por mais projeções que se faça nele em termos de realizações, de valores e intenções, não pode ser garantido só a partir dele mesmo. Para que ele se realize absolutamente em tudo o que prescreve e aponta enquanto projeto político e ético-profissional, depende de outros fatores, tais como: a qualidade da formação profissional, o nível de consciência política e de organização da categoria, o compromisso dos profissionais enquanto cidadãos, e também as condições objetivas que incidem sobre o desempenho profissional.

Se formos perseverantes e curiosos o bastante para ousarmos decifrar "o que tem dentro da casca do impossível", saberemos que o possível — a construção cotidiana do projeto ético-político profissional — "não é a pura contingência ou acaso. O necessário não é fatalidade bruta. O possível é o que se encontra aberto no coração do necessário e que nossa liberdade agarra para fazer-se liberdade".[23]

O atual Código de Ética pretende, assim, constituir uma nova motivação para os sujeitos profissionais, além de lhes suscitar novas exigências, sintonizados com o desafiador espírito de investimento e de luta da categoria e da sociedade brasileira, em prol de práticas sociais emancipadoras, livres e igualitárias neste final de século.

---

23. CHAUI, M. *Convite à filosofia*. Op. cit., p. 365.

ANEXO

CONSELHO FEDERAL DE SERVIÇO SOCIAL (CFESS)

CÓDIGO DE ÉTICA PROFISSIONAL DO ASSISTENTE SOCIAL

Aprovado em 13 de março de 1993, com as alterações introduzidas pelas Resoluções CFESS N. 290/94 e 293/94

ÍNDICE

Resolução 257
Introdução 259
Princípios Fundamentais 262
Título I — Disposições Gerais 263
Título II — Dos Direitos e das Responsabilidades
　　　　　Gerais do Assistente Social 264
Título III — Das Relações Profissionais 266
　Cap. I — Das Relações com os Usuários 266
　Cap. II — Das Relações com as Instituições
　　　　　 Empregadoras e Outras 267
　Cap. III — Das Relações com Assistentes Sociais e
　　　　　 outros Profissionais 269
　Cap. IV — Das Relações com Entidades da
　　　　　 Categoria e demais Organizações
　　　　　 da Sociedade Civil 270
　Cap. V — Do Sigilo Profissional 271
　Cap. VI — Das Relações do Assistente Social com a
　　　　　 Justiça 272
Título IV — Da Observância, Penalidades, Aplicação
　　　　　 e Cumprimento deste Código 272

RESOLUÇÃO CFESS N. 273/93, DE 13 DE MARÇO 1993

> Institui o Código de Ética Profissional dos Assistentes Sociais e dá outras providências.

A Presidente do Conselho Federal de Serviço Social — CFESS, no uso de suas atribuições legais e regimentais, e de acordo com a deliberação do Conselho Pleno, em reunião ordinária, realizada em Brasília, em 13 de março de 1993,

Considerando a avaliação da categoria e das entidades do Serviço Social de que o Código homologado em 1986 apresenta insuficiências;

Considerando as exigências de normatização específicas de um Código de Ética Profissional e sua real operacionalização;

Considerando o compromisso da gestão 90/93 do CFESS quanto à necessidade de revisão do Código de Ética;

Considerando a posição amplamente assumida pela categoria de que as conquistas políticas expressas no Código de 1986 devem ser preservadas;

Considerando os avanços nos últimos anos ocorridos nos debates e produções sobre a questão ética, bem como o acúmulo de reflexões existentes sobre a matéria;

Considerando a necessidade de criação de novos valores éticos, fundamentados na definição mais abrangente, de compromisso com os usuários, com base na liberdade, democracia, cidadania, justiça e igualdade social;

Considerando que o XXI Encontro Nacional CFESS/ CRESS referendou a proposta de reformulação apresentada pelo Conselho Federal de Serviço Social;

RESOLVE:

Art. 1º — Instituir o Código de Ética Profissional do assistente social em anexo.

Art. 2º — O Conselho Federal de Serviço Social — CFESS deverá incluir nas Carteiras de Identidade Profissional o inteiro teor do Código de Ética.

Art. 3º — Determinar que o Conselho Federal e os Conselhos Regionais de Serviço Social procedam imediata e ampla divulgação do Código de Ética.

Art. 4º — A presente Resolução entrará em vigor na data de sua publicação no *Diário Oficial da União*, revogadas as disposições em contrário, em especial, a Resolução CFESS nº 195/86, de 09.05.86.

Brasília, 13 de março de 1993

Marlise Vinagre Silva
A. S. CRESS N. 3578 — 7ª Região/RJ
Presidente do CFESS

INTRODUÇÃO

A história recente da sociedade brasileira, polarizada pela luta dos setores democráticos contra a ditadura e, em seguida, pela consolidação das liberdades políticas, propiciou uma rica experiência para todos os sujeitos sociais. Valores e práticas até então secundarizados (a defesa dos direitos civis, o reconhecimento positivo das peculiaridades individuais e sociais, o respeito à diversidade etc.) adquiriram novos estatutos, adensando o elenco de reivindicações da cidadania. Particularmente para as categorias profissionais, esta experiência ressituou as questões do seu compromisso ético-político e da avaliação da qualidade dos seus serviços.

Nestas décadas, o Serviço Social experimentou no Brasil um profundo processo de renovação. Na intercorrência de mudanças ocorridas na sociedade brasileira com o próprio acúmulo profissional, o Serviço Social se desenvolveu teórica e praticamente, laicizou-se, diferenciou-se e, na entrada dos anos 90, apresenta-se como profissão reconhecida academicamente e legitimada socialmente.

A dinâmica deste processo — que conduziu à consolidação profissional do Serviço Social — materializou-se em conquistas teóricas e ganhos práticos que se revelaram diversamente no universo profissional. No plano da reflexão e da normatização ética, o Código de Ética Profissional de 1986 foi uma expressão daquelas conquistas e ganhos, através de dois procedimentos: negação da base filosófica tradicional, nitidamente conservadora, que norteava a "ética da neutralidade", e afirmação de um novo perfil do técnico, não mais um agente subalterno e apenas executivo, mas um profissional competente teórica, técnica e politicamente.

De fato, construía-se um projeto profissional que, vinculado a um projeto social radicalmente democrático, redimensionava a inserção do Serviço Social na vida brasileira, compromissando-o com os interesses históricos da massa da população trabalhadora. O amadurecimento deste projeto profissional, mais as alterações ocorrentes na sociedade brasileira (com destaque para a ordenação jurídica consagrada na Constituição de 1988), passou a exigir uma melhor explicitação do sentido imanente do Código de 1986. Tratava-se de objetivar com mais rigor as implicações dos princípios conquistados e plasmados naquele documento, tanto para fundar mais adequadamente os seus parâmetros éticos quanto para permitir uma melhor instrumentalização deles na prática cotidiana do exercício profissional.

A necessidade da revisão do Código de 1986 vinha sendo sentida nos organismos profissionais desde fins dos anos 1980. Foi agendada na plataforma programática da gestão 1990/1993 do CFESS. Entrou na ordem do dia com o I Seminário Nacional de Ética (agosto de 1991), perpassou o 7º CBAS (maio de 1992) e culminou no II Seminário Nacional de Ética (novembro de 1992), envolvendo, além do conjunto CFESS/ CRESS, a ABESS, a ANAS e a Sessune. O grau de ativa participação de assistentes sociais de todo o país assegura que este novo Código, produzido no marco do mais abrangente debate da categoria, expressa as aspirações coletivas dos profissionais brasileiros.

A revisão do texto de 1986 processou-se em dois níveis. Reafirmando os seus valores fundantes — a liberdade e a justiça social —, articulou-os a partir da exigência democrática: a democracia é tomada como valor ético-político central, na medida em que é o único padrão de organização político-social capaz de assegurar a explicitação dos valores essenciais da liberdade e da equidade. É ela, ademais, que favorece a ultrapassagem das limitações reais que a ordem burguesa impõe ao desenvolvimento pleno da cidadania, dos direitos e garantias individuais e sociais, e das tendências à autonomia e à autogestão social. Em segundo lugar, cuidou-se de precisar a normatização do exercício profissional, de modo a permitir que aqueles valores sejam retraduzidos no relacionamento entre assistentes sociais, instituições/organizações e população, preservando-se os direitos e deveres profissionais, a qualidade dos serviços e a responsabilidade diante do usuário.

A revisão a que se procedeu, compatível com o espírito do texto de 1986, partiu da compreensão de que a ética deve ter como suporte uma ontologia do ser social: os valores são determinações da prática social, resultantes da atividade criadora tipificada no processo de trabalho. É mediante o processo de trabalho que o ser social se constitui, se instaura como distinto do ser natural, dispondo de capacidade teleológica, projetiva, consciente; é por esta socialização que ele se põe como ser capaz de liberdade. Esta concepção já contém, em si mesma, uma projeção de sociedade — aquela em que se propicie aos trabalhadores um pleno desenvolvimento para a invenção e vivência de novos valores, o que, evidentemente, supõe a erradicação de todos os processos de exploração, opressão e alienação. É ao projeto social aí implicado que se conecta o projeto profissional do Serviço Social — e cabe pensar a ética como pressuposto teórico-político que remete para o enfrentamento das contradições postas à profissão, a partir de uma visão crítica, e fundamentada teoricamente, das derivações ético-políticas do agir profissional.

PRINCÍPIOS FUNDAMENTAIS

— Reconhecimento da *liberdade* como valor ético central e das demandas políticas a ela inerentes — autonomia, emancipação e plena expansão dos indivíduos sociais;

— Defesa intransigente dos direitos humanos e recusa do arbítrio e do autoritarismo;

— Ampliação e consolidação da *cidadania*, considerada tarefa primordial de toda sociedade, com vistas à garantia dos direitos civis, sociais e políticos das classes trabalhadoras;

— Defesa do aprofundamento da *democracia*, enquanto socialização da participação política e da riqueza socialmente produzida;

— Posicionamento em favor da *equidade e justiça social*, que assegure universalidade de acesso aos bens e serviços relativos aos programas e políticas sociais, bem como sua gestão democrática;

— Empenho na eliminação de todas as formas de preconceito, incentivando o respeito à diversidade, à participação de grupos socialmente discriminados e à discussão das diferenças;

— Garantia do *pluralismo*, através do respeito às correntes profissionais democráticas existentes e suas expressões teóricas, e compromisso com o constante aprimoramento intelectual;

CÓDIGO DE ÉTICA PROFISSIONAL

— Opção por um projeto profissional vinculado ao processo de construção de uma nova ordem societária, sem dominação-exploração de classe, etnia e gênero;

— Articulação com os movimentos de outras categorias profissionais que partilhem dos princípios deste Código e com a luta geral dos trabalhadores;

— Compromisso com a qualidade dos serviços prestados à população e com o aprimoramento intelectual, na perspectiva da competência profissional;

— Exercício do Serviço Social sem ser discriminado, nem discriminar, por questões de inserção de classe social, gênero, etnia, religião, nacionalidade, opção sexual, idade e condição física.

Título I
DISPOSIÇÕES GERAIS

Art. 1º — Compete ao Conselho Federal de Serviço Social:

a) zelar pela observância dos princípios e diretrizes deste Código, fiscalizando as ações dos Conselhos Regionais e a prática exercida pelos profissionais, instituições e organizações na área do Serviço Social;

b) introduzir alteração neste Código, através de uma ampla participação da categoria, num processo desenvolvido em ação conjunta com os Conselhos Regionais;

c) como Tribunal Superior de Ética Profissional, firmar jurisprudência na observância deste Código e nos casos omissos.

Parágrafo único: compete aos Conselhos Regionais, nas áreas de suas respectivas jurisdições, zelar pela observância dos princípios e diretrizes deste Código, e funcionar como órgão julgador de primeira instância.

Título II

DOS DIREITOS E DAS RESPONSABILIDADES GERAIS DO ASSISTENTE SOCIAL

Art. 2º — Constituem direitos do assistente social:

a) garantia e defesa de suas atribuições e prerrogativas, estabelecidas na Lei de Regulamentação da Profissão, e dos princípios firmados neste Código;

b) livre exercício das atividades inerentes à Profissão;

c) participação na elaboração e gerenciamento das políticas sociais, e na formulação e implementação de programas sociais;

d) inviolabilidade do local de trabalho e respectivos arquivos e documentação, garantindo o sigilo profissional;

e) desagravo público por ofensa que atinja a sua honra profissional;

f) aprimoramento profissional de forma contínua, colocando-o a serviço dos princípios deste Código;

g) pronunciamento em matéria de sua especialidade, sobretudo quando se tratar de assuntos de interesse da população;

h) ampla autonomia no exercício da profissão, não sendo obrigado a prestar serviços profissionais incompatíveis com as suas atribuições, cargos ou funções;

i) liberdade na realização de seus estudos e pesquisas, resguardados os direitos de participação de indivíduos ou grupos envolvidos em seus trabalhos.

Art. 3º — São deveres do assistente social:

a) desempenhar suas atividades profissionais, com eficiência e responsabilidade, observando a legislação em vigor;

b) utilizar seu número de registro no Conselho Regional no exercício da Profissão;

c) abster-se, no exercício da Profissão, de práticas que caracterizem a censura, o cerceamento da liberdade, o policiamento dos comportamentos, denunciando sua ocorrência aos órgãos competentes;

d) participar de programas de socorro à população em situação de calamidade pública, no atendimento e defesa de seus interesses e necessidades.

Art. 4º — É vedado ao assistente social:

a) transgredir qualquer preceito deste Código, bem como da Lei de Regulamentação da Profissão;

b) praticar e ser conivente com condutas antiéticas, crimes ou contravenções penais na prestação de serviços profissionais, com base nos princípios deste Código, mesmo que estes sejam praticados por outros profissionais;

c) acatar determinação institucional que fira os princípios e diretrizes deste Código;

d) compactuar com o exercício ilegal da profissão, inclusive nos casos de estagiários que exerçam atribuições específicas, em substituição aos profissionais;

e) permitir ou exercer a supervisão de aluno de Serviço Social em instituições públicas ou privadas, que não tenham em seu quadro assistente social que realize acompanhamento direto ao aluno estagiário;

f) assumir responsabilidade por atividade para as quais não esteja capacitado pessoal e tecnicamente;

g) substituir profissional que tenha sido exonerado por defender os princípios da ética profissional, enquanto perdurar o motivo da exoneração, demissão ou transferência;

h) pleitear para si ou para outrem emprego, cargo ou função que estejam sendo exercidos por colega;

i) adulterar resultados e fazer declarações falaciosas sobre situações ou estudos de que tome conhecimento;

j) assinar ou publicar em seu nome ou de outrem trabalhos de terceiros, mesmo que executados sob sua orientação.

Título III
DAS RELAÇÕES PROFISSIONAIS

Capítulo I
DAS RELAÇÕES COM OS USUÁRIOS

Art. 5º — São deveres do assistente social nas suas relações com os usuários:

a) contribuir para a viabilização da participação efetiva da população usuária nas decisões institucionais;

b) garantir a plena informação e discussão sobre as possibilidades e consequências das situações apresentadas, respeitando democraticamente as decisões dos usuários, mesmo que sejam contrárias aos valores e às crenças individuais dos profissionais, resguardados os princípios deste Código;

c) democratizar as informações e o acesso aos programas disponíveis no espaço institucional, como um dos mecanismos indispensáveis à participação dos usuários;

d) devolver as informações colhidas nos estudos e pesquisas aos usuários, no sentido de que estes possam usá-los para o fortalecimento dos seus interesses;

CÓDIGO DE ÉTICA PROFISSIONAL 267

e) informar à população usuária sobre a utilização de materiais de registro audiovisual e pesquisas a elas referentes e a forma de sistematização dos dados obtidos;

f) fornecer à população usuária, quando solicitado, informações concernentes ao trabalho desenvolvido pelo Serviço Social e as suas conclusões, resguardado o sigilo profissional;

g) contribuir para a criação de mecanismos que venham desburocratizar a relação com os usuários, no sentido de agilizar e melhorar os serviços prestados;

h) esclarecer aos usuários, ao iniciar o trabalho, sobre os objetivos e a amplitude de sua atuação profissional;

Art. 6º — É vedado ao assistente social:

a) exercer sua autoridade de maneira a limitar ou cercear o direito do usuário de participar e decidir livremente sobre seus interesses;

b) aproveitar-se de situações decorrentes da relação assistente social-usuário, para obter vantagens pessoais ou para terceiros;

c) bloquear o acesso dos usuários aos serviços oferecidos pelas instituições, através de atitudes que venham coagir e/ou desrespeitar aqueles que buscam o atendimento de seus direitos.

Capítulo II
DAS RELAÇÕES COM AS INSTITUIÇÕES EMPREGADORAS E OUTRAS

Art. 7º — Constituem direitos do assistente social:

a) dispor de condições de trabalho condignas, seja em entidade pública ou privada, de forma a garantir a qualidade do exercício profissional;

b) ter livre acesso à população usuária;

c) ter acesso a informações institucionais que se relacionem aos programas e políticas sociais, e sejam necessárias ao pleno exercício das atribuições profissionais;

d) integrar comissões interdisciplinares de ética nos locais de trabalho do profissional, tanto no que se refere à avaliação da conduta profissional, como em relação às decisões quanto às políticas institucionais.

Art. 8º — São deveres do assistente social:

a) programar, administrar, executar e repassar os serviços sociais assegurados institucionalmente;

b) denunciar falhas nos regulamentos, normas e programas da instituição em que trabalha, quando os mesmos estiverem ferindo os princípios e diretrizes desse Código, mobilizando, inclusive, o Conselho Regional, caso se faça necessário;

c) contribuir para a alteração da correlação de forças institucionais, apoiando as legítimas demandas de interesse da população usuária;

d) empenhar-se na viabilização dos direitos sociais dos usuários, através dos programas e políticas sociais;

e) empregar com transparência as verbas sob a sua responsabilidade, de acordo com os interesses e necessidades coletivas dos usuários.

Art. 9º — É vedado ao assistente social:

a) emprestar seu nome e registro profissional a firmas, organizações ou empresas para simulação do exercício efetivo do Serviço Social;

b) usar ou permitir o tráfico de influência para obtenção de emprego, desrespeitando concurso ou processos seletivos;

CÓDIGO DE ÉTICA PROFISSIONAL 269

c) utilizar recursos institucionais (pessoal e/ou financeiro) para fins partidários, eleitorais e clientelistas.

Capítulo III
DAS RELAÇÕES COM ASSISTENTES SOCIAIS E OUTROS PROFISSIONAIS

Art. 10 — São deveres do assistente social:

a) ser solidário com outros profissionais, sem, todavia, eximir-se de denunciar atos que contrariem os postulados éticos contidos neste Código;

b) repassar ao seu substituto as informações necessárias à continuidade do trabalho;

c) mobilizar sua autoridade funcional, ao ocupar uma chefia, para a liberação de carga horária de subordinado, para fim de estudos e pesquisas que visem ao aprimoramento profissional, bem como de representação ou delegação de entidade de organização da categoria e outras, dando igual oportunidade a todos;

d) incentivar, sempre que possível, a prática profissional interdisciplinar;

e) respeitar as normas e princípios éticos das outras profissões;

f) ao realizar crítica pública a colega e outros profissionais, fazê-lo sempre de maneira objetiva, construtiva e comprovável, assumindo sua inteira responsabilidade.

Art. 11 — É vedado ao assistente social:

a) intervir na prestação de serviços que estejam sendo efetuados por outro profissional, salvo a pedido desse profissional;

em caso de urgência, seguido da imediata comunicação ao profissional; ou quando se tratar de trabalho multiprofissional e a intervenção fizer parte da metodologia adotada;

b) prevalecer-se de cargo de chefia para atos discriminatórios e de abuso de autoridade;

c) ser conivente com falhas éticas de acordo com os princípios deste Código e com erros técnicos praticados por assistente social e qualquer outro profissional;

d) prejudicar deliberadamente o trabalho e a reputação de outro profissional;

Capítulo IV
DAS RELAÇÕES COM ENTIDADES DA CATEGORIA E DEMAIS ORGANIZAÇÕES DA SOCIEDADE CIVIL

Art. 12 — Constituem direitos do assistente social:

a) participar em sociedades científicas e em entidades representativas e de organização da categoria que tenham por finalidade, respectivamente, a produção de conhecimento, a defesa e a fiscalização do exercício profissional;

b) apoiar e/ou participar dos movimentos sociais e organizações populares vinculados à luta pela consolidação e ampliação da democracia e dos direitos de cidadania.

Art. 13 — São deveres do assistente social:

a) denunciar ao Conselho Regional as instituições públicas ou privadas, onde as condições de trabalho não sejam dignas ou possam prejudicar os usuários ou profissionais;

b) denunciar, no exercício da profissão, às entidades de organização da categoria, às autoridades e aos órgãos competentes, casos de violação da Lei e dos Direitos Humanos,

CÓDIGO DE ÉTICA PROFISSIONAL   271

quanto a: corrupção, maus-tratos, torturas, ausência de condições mínimas de sobrevivência, discriminação, preconceito, abuso de autoridade individual e institucional, qualquer forma de agressão ou falta de respeito à integridade física, social e mental do cidadão;

c) respeitar a autonomia dos movimentos populares e das organizações das classes trabalhadoras.

Art. 14 — É vedado ao assistente social valer-se de posição ocupada na direção de entidade da categoria para obter vantagens pessoais, diretamente ou através de terceiros.

Capítulo V
DO SIGILO PROFISSIONAL

Art. 15 — Constitui direito do assistente social manter o sigilo profissional.

Art. 16 — O sigilo protegerá o usuário em tudo aquilo de que o assistente social tome conhecimento, como decorrência do exercício da atividade profissional.

Parágrafo Único: Em trabalho multidisciplinar só poderão ser prestadas informações dentro dos limites do estritamente necessário.

Art. 17 — É vedado ao assistente social revelar sigilo profissional.

Art. 18 — A quebra do sigilo só é admissível, quando se tratar de situações cuja gravidade possa, envolvendo ou não fato delituoso, trazer prejuízo aos interesses do usuário, de terceiros e da coletividade.

Parágrafo Único — A revelação será feita dentro do estritamente necessário, quer em relação ao assunto revelado, quer ao grau e número de pessoas que dele devam tomar conhecimento.

Capítulo VI
DAS RELAÇÕES DO ASSISTENTE SOCIAL COM A JUSTIÇA

Art. 19 — São deveres do assistente social:

a) apresentar à Justiça, quando convocado na qualidade de perito ou testemunha, as conclusões do seu laudo ou depoimento, sem extrapolar o âmbito da competência profissional e violar os princípios éticos contidos neste Código.

b) comparecer perante a autoridade competente, quando intimado a prestar depoimento, para declarar que está obrigado a guardar sigilo profissional nos termos deste Código e da Legislação em vigor.

Art. 20 — É vedado ao assistente social:

a) depor como testemunha sobre situação sigilosa do usuário de que tenha conhecimento no exercício profissional, mesmo quando autorizado;

b) aceitar nomeação como perito e/ou atuar em perícia, quando a situação não se caracterizar como área de sua competência ou de sua atribuição profissional, ou quando infringir os dispositivos legais relacionados a impedimentos ou suspeição.

Título IV
DA OBSERVÂNCIA, PENALIDADES, APLICAÇÃO E CUMPRIMENTO DESTE CÓDIGO

Art. 21 — São deveres do assistente social:

a) cumprir e fazer cumprir este Código;

b) denunciar ao Conselho Regional de Serviço Social, através de comunicação fundamentada, qualquer forma de exer-

CÓDIGO DE ÉTICA PROFISSIONAL

cício irregular da Profissão, infrações a princípios e diretrizes deste Código e da legislação profissional;

c) informar, esclarecer e orientar os estudantes, na docência ou supervisão, quanto aos princípios e normas contidas neste Código.

Art. 22 — Constituem infrações disciplinares:

a) exercer a profissão quando impedido de fazê-lo, ou facilitar, por qualquer meio, o seu exercício aos não inscritos ou impedidos;

b) não cumprir, no prazo estabelecido, determinação emanada do órgão ou autoridade dos Conselhos, em matéria destes, depois de regularmente notificado;

c) deixar de pagar, regularmente, as anuidades e contribuições devidas ao Conselho Regional de Serviço Social a que esteja obrigado;

d) participar de instituição que, tendo por objeto o Serviço Social, não esteja inscrita no Conselho Regional;

e) fazer ou apresentar declaração, documento falso ou adulterado, perante o Conselho Regional ou Federal.

Das Penalidades

Art. 23 — As infrações a este Código acarretarão penalidades, desde a multa à cassação do exercício profissional, na forma dos dispositivos legais e/ou regimentais.

Art. 24 — As penalidades aplicáveis são as seguintes:

a) multa;

b) advertência reservada;

c) advertência pública;

d) suspensão do exercício profissional;

e) cassação do registro profissional.

Parágrafo Único — Serão eliminados dos quadros dos CRAS aqueles que fizerem falsa prova dos requisitos exigidos nos Conselhos.

Art. 25 — A pena de suspensão acarreta ao assistente social a interdição do exercício profissional em todo o território nacional, pelo prazo de 30 (trinta) a 90 (noventa) dias.

Parágrafo Único — A suspensão por falta de pagamento de anuidades e taxas só cessará com a satisfação do débito, podendo ser cassada a inscrição profissional, após decorridos três anos da suspensão.

Art. 26 — Serão considerados, na aplicação das penas, os antecedentes profissionais do infrator e as circunstâncias em que ocorreu a infração.

Art. 27 — Salvo nos casos de gravidade manifesta, que exigem aplicação de penalidades mais rigorosas, a imposição das penas obedecerá à gradação estabelecida pelo art. 24.

Art. 28 — Para efeito da fixação da pena, serão consideradas especialmente graves as violações que digam respeito às seguintes disposições:

Art. 3º — alínea *c*

Art. 4º — alíneas *a, b, c, g, i, j*

Art. 5º — alíneas *b, f*

Art. 6º — alíneas *a, b, c*

Art. 8º — alíneas *b, e*

Art. 9º — alíneas *a, b, c*

Art. 11 — alíneas *b, c, d*

Art. 13 — alíneas *b*

Art. 14

Art. 16

Art. 17

Parágrafo Único do **Art. 18**

Art. 19 — alínea *b*

Art. 20 — alíneas *a*, *b*

Parágrafo Único — As demais violações não previstas no *caput*, uma vez consideradas graves, autorizarão aplicação de penalidades mais severas, em conformidade com o Art. 26.

Art. 29 — A advertência reservada, ressalvada a hipótese prevista no Art. 32, será confidencial; sendo que a advertência pública, a suspensão e a cassação do exercício profissional serão efetivadas através de publicação em Diário Oficial e em outro órgão da imprensa, e afixados na sede do Conselho Regional onde estiver inserido o denunciado e na Delegacia Seccional do CRESS da jurisdição de seu domicílio.

Art. 30 — Cumpre ao Conselho Regional a execução das decisões proferidas nos processos disciplinares.

Art. 31 — Da imposição de qualquer penalidade, caberá recurso com efeito suspensivo ao CFESS.

Art. 32 — A punibilidade do assistente social, por falta sujeita a processo ético e disciplinar, prescreve em 05 (cinco) anos, contados da data da verificação do fato respectivo.

Art. 33 — Na execução da pena de advertência reservada, não sendo encontrado o penalizado ou se este, após duas convocações, não comparecer no prazo fixado para receber a penalidade, será ela tornada pública.

Parágrafo Primeiro: A pena de multa, ainda que o penalizado compareça para tomar conhecimento da decisão, será publicada nos termos do Art. 29 deste Código, se não for devidamente quitada no prazo de 30 (trinta) dias, sem prejuízo da cobrança judicial.

Parágrafo Segundo: Em caso de cassação do exercício profissional, além dos editais e das comunicações feitas às autoridades competentes interessadas no assunto, proceder-se-á a apreensão da Carteira e Cédula de Identidade Profissional do infrator.

Art. 34 — A pena de multa variará entre o mínimo correspondente ao valor de uma anuidade e o máximo do seu décuplo.

Art. 35 — As dúvidas na observância deste Código e os casos omissos serão resolvidos pelos Conselhos Regionais de Serviço Social *ad referendum* do Conselho Federal de Serviço Social, a quem cabe firmar jurisprudência.

Art. 36 — O presente Código entrará em vigor na data de sua publicação no *Diário Oficial da União*, revogando-se as disposições em contrário.

Brasília, 13 de março de 1993

MARLISE VINAGRE SILVA

Presidente do CFESS

Publicado no *Diário Oficial da União*, n. 60, de 30.03.93, seção I, páginas 4004 a 4007 e alterado pela Resolução CFESS n° 290, publicada no *Diário Oficial da União*, de 11/02/94.

CÓDIGO DE ÉTICA PROFISSIONAL

COMISSÃO NACIONAL DE REFORMULAÇÃO DO CÓDIGO DE ÉTICA PROFISSIONAL DO ASSISTENTE SOCIAL

Comissão Técnica:
Beatriz Augusto de Paiva — RJ
José Paulo Netto — RJ
Maria Lucia Silva Barroco — SP
Marlise Vinagre Silva — RJ
Mione Apolinario Sales — RJ

Assessoria Jurídica:
Silvia Helena Terra — SP

Assessoria Legislativa:
Walter Bloise — RJ

CONSELHO FEDERAL DE SERVIÇO SOCIAL
GESTÃO 1990-93
DIRETORIA

MEMBROS EFETIVOS
Presidente: Marlise Vinagre Silva — RJ
Vice-presidente: Umbelina Maria Urias Novais — PE
1ª Secretária: Laura Regina Maurício da F. Lemos Duarte — DF
2ª Secretária: Eda Gomes de Barros Lima — DF
1º Tesoureiro: Carlos Magno Nunes — RS
2ª Tesoureira: Valéria Maria de Massarani Gonelli — SP

MEMBROS SUPLENTES
Maria Inês Bertão — SP
Dilséa Adeodata Bonetti — SP
Maria Carmelita Yazbek — SP
Maria das Graças Soares Prola — AM
Lina Sandra Ferreira de Lemos — MG

CONSELHO FISCAL

Presidente: Maria Isabel Nobre Fernandes — SP
1ª Vogal: Clarissa Andrade de Carvalho — SE
2ª Vogal: Maria Lúcia da Fonseca — RN

MEMBROS SUPLENTES

Célia Maria Campos — SC
Eliana de Oliveira — GO